21세기 교사의 조건

영감을 주는 교사

The Inspiring Teacher

New Beginnings for The 21st Century

저자 Robert A. Sullo
역자 황기우

도서출판 **원미사**

서 문 Introduction

교직은 세상에서 가장 숭고한 직업이다. 그렇다고 다른 분야의 직업을 폄하하거나, 다른 직업의 사회적 공헌을 인정하지 않는 것은 아니다. 자유 민주주의 사회에서 교직은 여전히 다른 직업에서 찾기 어려운 숭고함을 갖는다. 교사는 젊은이들로 하여금 인생에서 가장 중요한 교훈을 발견하도록 돕는 행복한 일을 수행한다. 즉 젊은이들이 신비한 두뇌를 이용하여 자기 능력을 최대한으로 개발함으로써, 무수한 인생사에서 자기 인생을 더욱 풍요롭게 살아가도록 돕는다. 영감을 주는 교사는 사실이나 교과를 뛰어넘어 그 이상의 것을 학생들에게 가르친다. 그들은 세상을 살아가는 삶의 방식을 가르친다. 그들은 학생들이 평생 학습자가 되는 희열을 발견하도록 안내한다.

매사추세츠 지역 분회의 의장인 제인 러셀(Jane Russel)은 1997년 8월 2일 그가 행한 연설에서 "교직은 다른 모든 일을 가능하게 만드는 직업이다" 라고 말했다. 미래가 교사의 손안에 달려있다는 말은 결코 과장이 아니다. 수많은 직종에 종사하는 사람들은 이미 자신들이 경험한 그런 사실을 잘 알고 있다. 미래가 어떻게 전개될지는 별로 놀라운 일이 아니다. 교사들은 매일 교실에서 무한한 가능성을 지닌 존재들과 직접 대면하면서 생활하고 있다. 각 교실에는 장차 종사하게 될 직업을 이끌어 갈 지도자로 성장하거나, 잘 알 수는 없지만 자신이 속할 공동체를 위해서 중요한 공헌을 하게 될 학생들로 가득 차 있다.

각 교사는 미래의 위대한 과학자, 음악가, 기업가, 예술가, 학자, 저술가, 연예인, 의사 그리고 교사들에게 영감을 줄 잠재적 능력을 충분히 가지고 있다. 모든 교사가 매일 가르치는 일에 얼마나 열정적일 수 있는지를 상상하기란 쉽지 않을 것이다. 하지만 교사는 학생들의 내재적인 위대함을 자극하는 데 필요한 환경을 창조하는 능력을 지니고 있다. 그런 능력을 발휘할 수 있는 기회는 외경심(awesome)으로 부르기에 부족함이 없으며, 이는 모든 직업 중에서 교직이 가장 숭고한 직업이라는 이유를 설명하고도 남는다.

나는 영감을 주는 교사가 되기 위해 갖추어야 할 조건을 탐색하기로 결심한 독자들을 보고 벅찬 기쁨을 감당할 수 없다. 혼신의 힘을 다해 최선을 다하면, 결코 돈으로 환산할 수 없는 부를 가지고 풍요로운 인생을 살아가게 될 것이다. 설령 세상의 모든 것을 측정할 수 있는 특별한 기구가 있다 하더라도, 다수가 아닌, 오직 단 한 명의 아동에게 주어지는 영감의 가치를 측정하기는 거의 불가능할 것이다.

이 책에 대해서

『영감을 주는 교사』는 내 개인적인 경험과 수년 동안 나와 함께 일해 온 동료교사들의 지혜를 모아 정리한 결과물이다. 이 책은 앞으로 영감을 주는 교사가 되기 바라는 사람들이 당면하게 될 중요한 문제를 논의할 것이다.

나는 1974년 이후 공교육자(public educator)로 일해 왔다. 그동안 나는 영어교사, 학교심리학자, 카운슬러 등의 지위를 부여받아 유치원에서부터 고등학교에까지 이르는 학생들과 함께 생활했다. 1988년 이후에는 윌리엄 그래서(William Glasser) 연구소의 연구원으로 일하며 좋은 학교와 선택이론에 대한 워크숍을 주관했다.

워크숍을 주관하면서, 나는 전국 각지의 수많은 교사들과 만날 수 있는 소중한 기회를 가졌다. 나는 그들과 함께 아이디어와 전략을 공유하면서, 그들로부터 많은 것을 배울 수 있었다. 그들은 자기가 경험한 것 가운데 가장 효과적인 것을 나에게 소개해 주면서, 자기 수고와 노력을 이야기해 주었다. 나는 대단한 열정과 정열을 소유한 수많은 새내기 교사들을 만났으며 베테랑 교사들과 함께 일하는 영광도 얻었다. 학생들이 안고 있는 수많은 문제와 매일 힘든 씨름을 하는 일이야말로 정말 중요하다고 생각하는 까닭에, 그들이야 말로 영감을 지닌 탁월한 교사들이라고 생각한다.

학습에 대한 열정과 아동에 대한 사랑이 있다면, 누구나 영감을 주는 교사가 될 만한 충분한 잠재적 능력을 가지고 있을 것이다. 그러나 이 두 가지 요소만으로는 불충분하다. 교사는 인간의 동기와 효과적인 인간 관리 방법을 알 필요가 있다. 교사는 가장 효과적인 학습방법과 그와 관련된 유용한 정보를 필요로 한다. 교사는 아동발달에 정통해야 하며, 아동의 다양한 발달단계에서 기대되는 성장 수준을 충분히 알아야 한다. 교사는 동료교사들과 어울려 행복하게 생활하는 방법을 알아야 한다. 교사는 학부모들에게 매력을 끌 수 있는 방법을 습득하고 그들과 긍정적인 동맹관계를 형성하여, 영감을 줄 필요가 있다. 교사는 정중하면서도 효과적인 갈등해결에 도움이 되는 기술과 소중한 시간을 선용할 수 있는 전략을 개발할 필요가 있다. 지금껏 교사가 알고 있는 교육공동체의 실천방식을 신정보와 신기술을 활용하여 새롭게 변화시킬 수 있다면, 교사는 현재 자신이 실행하는 일과 그 실행방법을 과감하게 변화시키기 위해서 총력을 기울일 필요가 있다.

이 책은 영감을 주는 교사가 되기 위해 힘써 노력 하는 독자들에게 튼튼한 토대가 될 것이다. 그러나 이 한권의 책이 모든 것을 속속들이 규명해서 제공한다는 의미는 아니다. 이 책에서 다루지 못한 수많은 주제들은 더욱 풍부한 독서, 워크숍, 학습 과정을 통해 철저하게 탐구할 필요가 있다. 그 밖의 훌륭한 수업에서 중요하게 여겨지는 특정 요소들은 이 책의 범위밖에 있다. 여기서 소개하는 주제에 대해 더 많은 것을 학습하려면, 제시된 참고 문헌과 웹 사이트 목록이 도움이 될 것이다.

이 책은 주로 세 독자층을 위해서 집필했다. 첫 번째 독자는 교사가 되기 위해서 준비하는 과정에 있거나 교직이 그들에게 적합한 직업인지 탐색하려고 하는 예비 교사층이다. 두 번째 독자는 이제 갓 교직에 진출하여 교실에서 학생들에게 영감 주기를 갈망하는 새내기 교사층이다. 세 번째 독자는 교직에서 자기 희열을 회복하기 원하는 기성 교사층이다. 교직에 대한 열정이 서서히 식어가면서, 교사들이 기계적인 생활에 빠지게 되는 일은 흔히 있을 수 있다. 그런 교사들이라면 자기 지혜와 신선한 에너지를 결합하여 자기 교실에 활력을 불어넣음으로써, 예전에 교직에서 누렸던 기쁨보다 더 큰 기쁨을 누리게 될 것이다.

이 책의 구성

이 책은 모두 2부로 구성되어 있다. 1부는 기초와 적용편(1～4장)으로 선택이론, 뇌 기반 학습, 그리고 주요 발달 문제를 개관한다. 1부의 개념을 충분히 이해하면, 이 책의 마지막 부분에서 제시하는 전략 또한 완전히 적용할 수 있다. 2부(5～9장)는 이론에서 실제로 전환하는데 도움을 준다. 여기서는 1부의 개념을 적용하여 학생과 동료교사에게 영감을 주고 학부모와 긍정적인 동맹관계를 형성하는 방법을 논의한다. 또한 갈등 관리와 시간 관리를 다루는 장을 별도로 마련했다.

특별한 선물

교육이라는 말의 어원은 라틴어의 educare이며 이는 "꺼내다"의 의미를 포함한다. 영감이라는 말의 어원은 라틴어의

inspirare이며 “생기를 불어 넣는다”라는 의미를 포함한다. 영감을 주는 교사는 학생들의 잠재적 가능성을 꺼내 그것에 생명을 불어넣는다. 이는 매우 어려운 일이나, 그것의 추구는 가치 있는 일이다. 왜냐하면, 영감을 주는 교사는 특별한 고귀함을 소유하여 자기 인생을 정말로 특별하게 만드는 희열을 경험하기 때문이다.

이 책을 읽기 시작했다면, 잠깐 시간을 내서 독자들에게 영감을 주었던 특별한 교사를 회상해 보자. 독자들은 초등학교, 대학원, 또는 그 사이 어딘가에서 그들을 만났을 것이다. 그들은 공부를 가르치는 교사, 코치, 조언자, 상담자, 또는 행정가일 수 있다. 그들이 독자들에게 특별한 선물을 준 순간, 독자들은 이미 그것을 알았거나, 또는 수년이 지난 후에야 그들이 독자들에게 영감을 주었으며, 그것이 독자들의 성장과 발전에 크게 기여한 점을 깨달았을 것이다. 그들은 현재 독자들로부터 감사한 마음을 전해 받을 수 있거나, 또는 이미 세상을 떠난 사람들일 수 있다. 그럼에도 불구하고, 잠깐 시간을 내서 그들이 받아 마땅한 진심 어린 감사의 마음을 그들 모두에게 전하도록 하자. 그런 후에 독자들도 역시 앞으로 다가올 몇 년 뒤에 독자들이 가르친 학생들에게서 똑같은 선물을 받는 순간을 상상해 보자. 독자들은 영감을 주는 교사가 될 수 있다.

차 례 Contents

제 1 부 기 / 초 / 편

Chapter 3 뇌 기반 학습 • 57

Chapter 4 발달이론의 쟁점 • 97

제2부 적/용/편

Chapter 5 학생들에게 영감을 주어라 • 131

제 1 부

기초편

제 1 장
영감을 주는 교사의 자질

영감을 주는 교사가 되는 묘방을 제공하는 처방전은 어디에도 없다. 개인의 특성(individuality)은 영감을 주는 교사의 본질적인 속성 중 하나이므로, 그런 사람을 형성할 유일하고도 명확한 특성의 목록을 제공하기는 사실상 불가능하다. 그래도 역시 천부적 능력이 있는 거의 모든 교사는 특별한 자질을 공유하고 있다.

긍정적인 관계 형성의 능력

영감을 주는 교사가 되는 가장 중요한 요소는 사람들과 긍정적인 관계를 형성하는 능력이다. 가르치는 일은 시종일관 상호작용 속에서 이루어지기 때문에, 성공적인 교사는 사람들과 상호 만족스런 관계를 형성하는 방법을 알고 있다. 가장 대표적인 것은 교사와 학생간의 관계이다. 또한 성공적인 교사는 동료교사 및 학부모와 긍정적 · 협력적인 관계를 형성한다. 이런 관계는 5, 6, 7장에서 보다 상세하게 논의할 것이다.

영감은 관계 속에서 양육된다. 가르치는 교과에는 정통해 있으나, 학생들과 좋은 관계를 유지하지 못하는 교사라면, 그의 성공은 오직 높은 동기를 갖는 학생에게만 한정될 것이다. 나머지 학생들과는 그럭저럭 지내는 것으로 만족할 것이다. 그런 교사는 대부분의 학생들이 충분히 학습할 수 있는 엄격한 기준은 개발할 수 있으나, 결코 그들에게 영감을 주지 못할 것이다. 영감을 주는 교사는 학생들과의 긍정적인 관계가 성공적인 교수·학습의 토대라는 점을 알고 있다. 그들은 견고한 학습계획을 개발하기 위해서 노력하기보다 견고한 관계를 형성하는 일에 더 많은 노력을 기울인다.

독자들에게 영감을 주었던 교사들을 생각해 보자. 독자들과 그들 사이에는 분명히 무슨 특별한 관계가 있었을 것이다. 그들은 독자들을 소중히 여기고, 독자들을 존중하고, 독자들을 돕기 위해 그곳에 있었다는 사실을 넌지시 전해 주었을 것이다. 그들은 독자들이 최선을 다할 것을 기대했을 것이다. 독자들을 가르칠 때마다, 그들은 독자들이 가지고 있는 가장 큰 관심거리를 마음에 두었던 사실을 결코 의심하지 않았을 것이다. 이런 종류의 관계가 영감을 주는 능력이다. 이는 모든 학생들이 마땅히 누려야 할 가치 있는 관계이다.

영감을 주는 능력을 소유할 정도의 관계 형성은 상식처럼 쉬운 일이 아니다. 학생들은 종종 고의적이든지, 아니든지 해로운 쪽으로 행동하려는 경향이 있다. 그들은 자기가 할 수 있는 노력을 최대로 하기보다 항상 더 적은 노력을 한다. 이는 교사가 가르치려는 것의 가치를 학생들이 인정하지 않는 경향이 강하기 때문이다. 그들은 종종 무관심하거나 지루한 태도를 나타내기도 하며, 심지어 노골적으로 적대적·도전적이 되기도 한다. 학생들이 불손한 태도를 보일 경우, 상식에 따라, 그들을 교실 밖으로 내보내면 그만이다. 교사가 그런 조치를 취했다고 비난할 사람은 드물다. 대부분의 사람들은 합리적인 학생 관리로 판단할 것이다. 교사의 생존은 거의 확실히 보장될 것이다. 하지만 단절된 학생들에게 영감을 주어 그들의 잠재력을 개발시킬 기회는 상실되고 말 것이다.

상식적 접근으로 해결하면, 상식적 결과를 얻을 뿐이다. 교사가 대부분의 학생들이 공부를 잘 하고 있다고 상식적으로 판단하면, 그는 상식적인 접근을 통해 현상을 유지하는 것으로 만족할 것이다. 나는 훌륭한 학습결과에 도달할 수 있는 학생들이 훨씬 더 많기 때문에, 더 많은 학생들이 그렇게 할 수 있도록 영감을 주어야 한다고 생각한다. 이런 학생들에게 영감을 주는 방법은 그들과 긍정적인 관계를 형성하는 것이다.

비록 학생들이 수용하기 어려운 방식으로 행동하더라도, 그들을 항상 존엄과 존중으로 대해야 한다. 교사의 중요한 역할은 학생들이 학문적으로 성장하고 더욱 효과적이고 책임감이 강하며, 예의 바른 행동방식을 학습하도록 돕는 일이다. 교사가 학생들의 부당한 행동을 회피하지 않고, 교사의 역할에 집중하여 전력을 다하게 되면, 교사는 비생산적인 행동에 휩쓸려들지 않을 것이다. 하지만 집중력을 잃게 되면, 교사는 쉽게 의미를 상실하여, 값싼 도덕주의자가 되고, 비아냥거리며 화를 내게 될 것이다. 그런 행동은 어떤 것도 교사가 직무를 효과적으로 수행하는 데 도움이 되지 않는다. 학생들과 존중하는 관계를 유지하는 일은 항상 바람직하다.

내가 중학교 3학년 영어교사로 부임한 첫 해에 긍정적인 관계의 중요성을 잘 보여주는 한 사건을 경험했다. 나는 학생들에게 철자 시험지를 나누어 주고 해결하도록 했다. 그때 타미(Tammy)라는 한 학생이 옆자리에 앉아있는 친구의 답안을 베끼는 것을 발견했다. 내가 책상에 가까이 다가갔으나, 타미는 그 일을 중단하지 않았다. 나는 자리를 옮기라고 나지막하게 속삭였다. 타미는 이유를 물었으나, 나는 내 요구만 계속했다. 그러자 갑자기 타미가 일어나서 걸상을 발로 걷어차면서 "좋아 이 XXX!"라고 소리를 지르더니 자리를 박차고 교실 밖으로 뛰어 나갔다.

비록 정학 처벌을 받기는 했으나, 타미는 우수한 학생이었기 때문에, 그 후 적어도 성적만은 상당히 높게 유지할 수 있었다. 내 경력 중 당시는 관계의 중요성을 잘 알지 못하는 시기였다. 타미는 나에게 상처와 굴욕감을 안겨주었다. 상식은 나로 하여금 될 수 있으면, 타미와 상호작용을 적게 하도록 요구했다. 우리 두 사람은 모두 생존할 수 있었으나 내가 그에게 영감을 주는 일은 불가능했다.

지금이라면, 나는 그 상황을 달리 처리했을 것이다. 나는 백방으로 노력하여 타미와 관계를 회복할 수 있는 방법을 찾았을 것이다. 비록 타미의 행동이 도발적이었더라도, 나는 그의 성공을 돕기 위해 여전히 그곳에 존재했다는 사실을 분명하게 전달했을 것이다. 물론 나는 타미가 나에게 욕설을 하도록 허용하지는 않았겠지만, 욕설 때문에 그에게 접근하지 않는 일은 더욱 없었을 것이다. 타미의 서투른 커닝 방법을 조사해 밝히려 하기보다는 그의 성장에 도움이 되는 일을 찾았을 것이다.

학교 교사로서 지난 8년간을 반성해 보면, 나는 상당히 성공적이었다. 이는 내가 대부분의 학생들과 긍정적인 관계를 유지할 수 있는 능력을 소유했기 때문인 것으로 보인다. 나는 교실 안에서 내 권위를 손상시키지 않으면서, 내가 학생들을 좋아하는 사실을 명확하게 해두었다. 나와 학생들은 교실 안에서 마음 놓고 실컷 웃을 수 있었다. 모두 유쾌하고 즐겁게 생활했다. 비록 나는 내 동료교사들만큼 유능하지 않았으나, 내 학생들과 긍정적인 관계를 유지했기 때문에 성공이 가능했다고 믿는다. 나와 학생들은 더 많이 공부하고 더 유능해지는 길을 함께 찾아가는 동역자(partnership)였다. 가끔 학생들의 행동에 문제가 없는 것은 아니었으나, 서로를 진심으로 좋아했기 때문에, 나는 항상 문제를 비교적 쉽게 처리할 수 있었다. 긍정적인 협력관계가 형성되는 상황에서 학생들의 일탈 동기는 거의 찾아보기 힘들었다. 그런 상황에서 유의미한 학습은 거의 보장된 것이나 다름없었고, 영감은 항상 그 가능성을 열어 놓았다.

학습에 대한 열정

영감을 주는 교사는 학습에 대한 열정의 소유자들이다. 그들은 인생이 자신에게 베푸는 풍성함을 이해한다. 그들은 스스로 얻은 신지식과 스스로 개발하여 적용하는 신기술에 크게 열광한다. 그들은 겉으로 보기에 전혀 다른 개념을 교묘하게 결합하여 유의미한 전체로 만들어 내는 통합 능력의 소유자들이다.

학습의 열정은 교육적·학문적인 추구에 그치지 않는다. 영감을 주는 교사는 항상 경험할 것들이 줄지어 있고, 새로운 경험은 각각 그들을 풍성하게 만들기 때문에, 학생들에게 더욱 귀중한 자료원이 되는 점에 감사한다. 학습의 열정은 전통적인 서책 학습, 상급 학위 취득, 특별 전문가 개발 과정 등의 변신으로 나타난다. 또한 이는 여행에 대한 열광으로 나타나기도 한다. 여러 지역을 여행하면서 책에서 읽은 문화를 직접 체험함으로써, 영감을 주는 교사는 평범한 교실의 경험자에서 눈부신 세상의 경험자로 변화한다. 학습의 열정은 특별한 취미로 나타나기도 한다. 교사의 특별한 관심은 학문의 깊은 탐색에서 나오는 희열을 학생들에게 전달하는 경이로운 방법을 제공한다. 이는 특별한 관심이 학습의 희열 자체를 학습하도록 해주기 때문이다.

평생 학습자

평생 학습자가 되는 것은 학습의 열정을 소유하는 것의 일부분이다. 영감을 주는 교사는 그들이 취득한 졸업장과 관계없이 결코 학습을 중단하는 일이 없다. 그들은 항상 여행 중이다. 영감을 주는 교사는 종종 자신이 알지도 못하고 알 수도 없는 상황 속으로 자신을 몰고 가서, 도전, 흥분, 그리고 신참 학습자가 되는 기쁨을 다시 경험할 수 있는 기회를 만든다.

한 수석교사는 나에게 매년 유의미한 학습 경험을 얻기 위해 일부러 여행을 떠난다고 말했다. 그녀에게 새로운 학습내용은 별로 중요하지 않다. 그녀의 여행 목적은 새로운 사고와 생활방식에 대해 개방적인 태도를 갖는데 있었다. 그녀는 새로운 학습 상황에서 항상 부딪치기 마련인 무지의 감정과 접촉함으로써, 그것을 두려워하지 않고, 오히려 그 감정을 소중히 여기는 학습을 하면서 이런 목적을 달성할 수 있었다.

내가 아는 영감을 주는 또 다른 교사는 자신의 정년에 대비해서 새로운 학습을 계속하고 있다. 자기가 발견한 일에 대해 흥분하면서 열광적 · 열정적으로 이야기하는 그의 모습을 지켜보는 일은 나에게 큰 기쁨이었다.

언행일치

얼마 전 내가 워크숍을 주관했을 때, 교실 한 쪽에 붙어있는 포스터 한 장이 내 시선을 사로잡았다: "가르친 것의 모범이 되지 않으면, 가르치지 않은 것이나 다를 바 없다." 영감을 주는 교사는 자기가 가르친 것의 모범이 되어야 한다. 저학년이나 고학년을 불문하고 학생들은 교사의 교실행동을 관찰하여, 교사의 진실성을 알게 된다. 일치는 존경을 받지만 기만은 항상 밝혀져서 비난받기 마련이다. 전제적인 교사가 민주주의 원리의 가치를 가르친다면, 결코 영감을 줄 것으로 기대할 수 없을 것이다. 펜을 쥔 손이나 키보드 위에 놓인 손가락을 본 적이 없는 작문 교사는 상당히 어려운 시간이 지난 뒤에야 작문이 즐겁고 가치 있는 취미임을 학생들에게 확신시킬 수 있을 것이다.

교사는 자기가 원하는 것과 상관없이 항상 모범이 되고 있다. 학생들은 교사의 일거수일투족에 비상한 관심을 나타낸다. 교사가 말하고 주장한 것은 그가 행한 일과 일치하는가? 그의 언행이 일치하는 한, 그는 영감을 줄 능력을 가지고 있다.

학생에 대한 이해와 사랑

영감을 주는 교사가 되기 바란다면, 교사는 무엇보다 아동을 이해하고 사랑해야 한다. 교과에 대한 사랑도 유용하지만, 그것만으로 불충분하다. 사실 교사가 아동을 사랑하는 것보다 교과를 더 사랑한다면 결코 영감을 주기 어려울 것이다. 독자들은 이미 교과를 소중하게 여기는 교사들에게서 놀라운 성적을 얻었던 경험을 가지고 있을 것이다. 그러나 이는 훌륭한 교수(good teaching)는 될지언정, 결코 영감을 주는 교수(inspiring teaching)는 될 수 없다. 교과가 갖는 중요한 이유를 잘 모르는 학생들에게 영감을 주기 위해서, 교사는 먼저 그가 학생들을 좋아하는 사실을 증명해 보여야 한다.

완전한 관계란 상상하기 어렵기 때문에, 교사가 학생들을 좋아하지 않을 때도 있을 수 있다. 우연하게 그런 순간을 경험하는 일은 응당 있을 수 있다. 하지만 교사가 싫어하는 학생들이 많고, 학생들에 대해 불평을 늘어놓는 일이 잦다면, 아마 그는 직업을 잘못 선택했다고 보아야 할 것이다. 현대 교사는 옛 선배 교사에 비해서 학생들에게 영감을 주기가 쉽지 않다. 즉 학생들이 부지런히 공부하도록 최선을 다하는 자기 일에서 교사가 자부심을 느끼기에는 상황이 더욱 어렵게 되고 있다. 이는 옛날과 달리 교사의 학생 지도에 적지 않은 어려움이 따르기 때문이다. 하지만 아동이 아동처럼 행동하여, 교사를 미소 짓게 만들 때, 교사는 제자리에 돌아가 있을 것이다. 교사는 파괴적인 행동을 조장하지 않지만, 그는 언젠가 학생들이 파괴적으로 될 것에 대비해야 한다. 그런 상황 속에서도 학생에 대한 교사의 이해와 사랑은 결코 식지 않는다.

그 밖의 자질과 특성

워크숍을 열 때마다, 나는 참석한 교사들에게 먼저 나에게 있을 것으로 보이는 자질이나 특성을 찾도록 요구한 후, 워크숍을 시작한다. 전문성 개발 워크숍에 참석하는 교사는 물론 학생들도 모두 영감을 주기 원하기 때문에, 내가 소유한 자질이나 특성에 대한 비평은 영감을 주는 교사가 되기 원하는 사람들에게 유용할 수 있다. 물론 워크숍에 따라 다르겠지만, 교사들은 훌륭한 교사의 자질을 일관성 있게 말한다. 그들이 말하는 영감을 주는 교사의 자질은 다음에 이어진다.

- 마음의 문을 열어라.
- 학생들이 교실에서 중요한 기여를 할 가능성을 믿는 한편, 그들이 소중하게 느끼는 학습 환경을 조성한다.
- 구체적인 학습전략을 세워 성취 가능한 모형을 제시한다.
- 교과에 대한 열정을 전한다.
- 학생들이 학습 내용이 갖는 가치를 이해하도록 돕는다.
- 유머 감각을 보여주고 그것이 유해하기보다 항상 존중될 것을 확신시킨다.
- 전공 교과에 대한 깊은 지식을 드러내 보인다.
- 학생들이 다양한 방법으로 학습목표를 달성할 수 있는 유연성을 촉진한다.
- 학생들을 무조건 존중한다.

일을 바르게 처리한다고 해서, 모두 성공을 보장하지는 않는다. 교사가 비생산적인 행동을 하게 될 때, 영감을 주는 일은 당연히 실패하게 된다. 다음에서 열거하는 몇 가지는 영감을 주는 교사라면 반드시 금해야 할 사항들이다. 영감을 주는 교사는 다음과 같은 일을 하지 않는다.

- 요점이 아닌 단순개념만 반복한다.
- 단조로운 어조로 말하고 무성의하게 가르친다.
- 학생을 빗대어 조롱하거나 폭언으로 제압한다.
- 학생을 무시하거나 자주 꾸짖는다.
- 특정 학생을 희생시켜 집단성원의 동의를 얻는다.
- 학생과의 관계를 절연한다.
- 교사의 책임은 거부하면서 자기 행동에 대한 책임을 학생들에게 전가한다.
- 교사는 자신이 원하지 않는 일을 하지 않으면서 학생들에게는 원하지 않는 일을 하도록 요구한다.

이론적 기초

이미 이 장에서 논의한 영감을 주는 교사의 자질 중 일부, 또는 전부를 알게 되었더라도, 독자들은 영감을 주는 교사가 되기 위해 노력하는 과정 중에 있으므로, 약간의 추가적인 지식이나 기술을 갖추게 되면 매우 유익할 것이다. 이어지는 세 부분의 장(2, 3, 4장)에서는 선택이론(choice theory), 뇌기반 학습(brain-based learning), 아동발달(child development)의 영역을 탐구할 기회를 갖게 될 것이다. 이는 내가 21세기 교육자들에게 매우 중요할 것으로 생각하는 영역들이다.

선택이론에 대한 설명은 행동에 대한 이해와 각 교사 에게 내재하는 내적 동기를 적극 활용하는 모델을 제공할 것이다. 뇌 기반 학습에 대한 소개는 학습을 촉진하는 학습 환경의 개발에 도움이 될 몇 가지 실제적인 제안을 제시할 것이다. 또한 쉽고 효과적인 학습 방법과 관련된 몇 가지 특별한 아이디어를 제공할 것이다. 끝으로 기초적인 아동발달의 개념에 대한 논의는 교사가 취해야 할 적절한 행동 및 관심을 가져야 할 행동 간의 차이를 구별하는데 유용한 자료를 제공할 것이다. 이 세 부분의 장을 통해서 독자들은 이 책에서 제시한 아이디어를 실천하는데 필요한 기초를 다지게 될 것이다.

요약

영감을 주는 교사들은 모두 독특하다. 그들은 범주화가 거의 불가능한 정도의 독특한 재능을 자기 교실에서 소생시킨다. 그들의 스타일과 기질상의 많은 차이에도 불구하고, 영감을 주는 대부분의 교사는 일련의 핵심적인 특질을 소유하고 있다. 무엇보다도 영감을 주는 교사는 학생들과 긍정적인 관계를 형성하는 방법을 알고 있다. 그들은 학생들이 완전학습을 할 수 있을 것으로 기대하며, 학업과 사회적인 면에 걸쳐 모두 탁월한 성취에 도달할 수 있도록 지원할 것이라는 암묵적인 메시지를 학생들에게 전달한다. 영감을 주는 교사는 학습에 대한 열정의 소유자들이다. 그들은 자신이 평생 학습자이며, 새로운 것에 항상 개방적이기 때문에, 풍부한 학습 경험을 소유하게 된 사실을 자기 행동을 통해서 증명해 보인다. 또한 영감을 주는 교사는 모범 인격의 소유자로서 "자신이 설교한 것을 반드시 실천하는 것"을 보여 준다. 이는 학생들이 이런 특별한 교사를 존경하는 이유가 된다.

영감을 주는 교사는 학생들이 학업에 전력할 것을 기대하면서 자기 교실에 열정과 에너지를 쏟는다. 그들은 끝없는 발견의 연속으로 이루어지는 여행길과 같은 즐거운 학습 환경을 조성한다. 영감을 주는 교사는 학생들을 존중하되, 결코 그들을 무시하거나 교실에서 비아냥거리며 말하는 법이 없다. 끝으로 영감을 주는 교사는 인간의 행동, 동기, 뇌 기반 학습, 아동발달에 대한 충실한 이해를 바탕으로. 자기 교수 전략을 수립한다. 그들은 개인적 특성, 지식, 기술을 결합시켜, 교사와 학생이 함께 성장하는 교실을 창조한다.

제 2 장
선택이론

효과적인 교수는(effective teaching) 주로 인간의 동기를 어떻게 이해하느냐에 달려있다. 그러므로 인간의 동기에 대한 지식과 그것을 활용할 능력이 없다면 영감을 주는 교사가 되기는 힘들 것이다.

동기를 설명하는 이론은 여러 가지가 있다. 그 가운데서 세계적으로 가장 널리 알려져 있는 이론은 외적 통제 심리학(external control psychology)이다. 외적 통제 심리학은 존 왓슨(John Watson)과 스키너(B. F. Skinner)의 연구에서 출발했다. 이 심리학의 특성은 다음과 같이 요약할 수 있다. "인간의 행동은 외적 자극에 대한 반응이다. 사람들에게 특정 행동에 대해 보상이나 강화를 제공하면, 그런 행동을 반복할 가능성이 높아지는 반면, 특정 행동에 대해 벌을 제공하면, 그런 행동을 반복할 가능성은 낮아진다."

외적 통제 심리학에 매력을 느끼는 사람들이 많다. 첫째, 이 심리학은 놀랍게도 인간의 행동과 동기를 간단한 "상식"

으로 설명한다. 즉 믿기 어려울 정도로 복잡하고 다차원적인 인간을 보상과 벌에 의해서 통제되는 단순 반응체로 만들어 버린다. 둘째, 이 심리학은 통제를 가하려는 사람들에게 매력이 있다. 일단 사람들이 효과적인 상벌 체제를 개발하게 되면, 독자들의 동료인 인간의 행동을 쉽게 조종할 수 있을 것으로 믿는다. 이런 지식의 소유자라면, 타인의 행동을 자기가 원하는 방식으로 형성하는 일이 가능할 것이다.

외적 통제 심리학이 널리 보급되었을지라도, 거기에는 근본적인 결점이 있기 때문에, 수월성에 영감을 주려고 한다면, 누구도 그것을 효과적으로 적용하기는 어려울 것이다. 인간은 매우 복합적인 존재이기 때문에 인간으로 하여금 외적 통제 심리학의 이론을 믿고 따르게 하는 것은 사실상 불가능하다. 인간은 **로**봇처럼 프로그래밍 되어 단순히 반응하는 피조물이 아니다. 실제로 인간은 자유롭게 되려는 욕구가 있기 때문에, 제아무리 좋은 의도를 가지고, 인간의 행동을 형성하려고 해도, 항상 저항에 부딪치기 마련이다. 간단히 말하면, 인간은 명백히 자기에게 유리할 때조차 형성되는 것을 거부하는 존재다.

그렇다면 외적 통제 심리학의 개념을 효과적으로 사용하는 일이 가능한가? 수월성(quality)이 아닌 단순한 순치(compliance)에 목적이 있다면 그럴 것이다. 사람들이 관심을 갖는 모든 것이 단순한 순치에 머문다면, 외적 통제 심리학에 기초한 접근 방법은 매우 합리적으로 기능할 수 있다. 예를 들어, 내가 학생들로 하여금 수월성의 변화가 없는 단순한 작업을 해주기 바란다면, 외적 통제 심리학의 원리를 사용할 수 있다. 이런 특별한 조건이라면, 나는 사람들을 보상으로 유혹하거나 벌로써 위협과 공포심을 조성하여, 내가 원하는 행동을 다른 사람이 수행하도록 만들 수 있을 것이다.

일반적으로 사람들이 교육에서 구하는 것은 단순한 순치가 아닌 학생들이 생산할 수 있는 최상의 산출이다. 사람들이 외적 통제의 신념에 기반한 방법에 따르는 한, 지금껏 그들이 이루어 온 것과 비슷한 성공 밖에 거둘 수 없을 것이다. 간단히 말하면, 외적 통제 심리학은 그것이 갈 수 있는 데까지만 사람들을 데려갈 수 있을 뿐이다. 이런 심리학을 적용하면 순치를 강요할 수 있으나, 결코 수월성에 영감을 주기는 불가능할 것이다.

숙제의 경우, 흔히 외적 통제 방법을 많이 사용하는데, 이는 숙제가 수월성이 결여된 영역이기 때문이다. 예를 들어 보자. 숙제를 완성해 오면 대부분의 학생들은 검사를 받은 표시로써 보상을 받는다. 숙제를 해오지 않으면, 학생들은 감점을 당하거나 점수를 얻지 못하는 등 벌을 받는다. 겉으로 보기에, 이런 전략은 합리적이다. 하지만 실제로 이런 상황에서 무슨 일이 일어나는가? 숙제를 "완성한" 학생은 보상을 받는데, 아마 교사가 내준 숙제를 모두 "완성한" 것에 대해 "숙제 영웅(homework heroes)" 등과 같은 칭호로 칭찬을 받을 것이다. 외적 통제 심리학의 원리에 따르면, 순치된 학생들을 얼마든지 길러낼 수 있다. 불행하게도 완성된 숙제는 반드시 탁월한 성취라고 볼 수 없다. 흔히 교사는 숙제를 완성했다는 단순한 이유만으로 정말 형편없는 숙제에 만점을 주는 일이 많다. 사람들은 이런 결과에 만족하는가? 오히려 영감을 주는 방법을 배워야 하지 않겠는가?

선택이론(choice theory)은 인간의 동기와 행동을 연구하는 비교적 새로운 이론으로써, 윌리암 그레서(William Glasser, 1998)가 개발했다. 선택이론은 인간을 이해하는 방법을 가르쳐주기 때문에 인간됨이 의미하는 것의 복합성을 존중한다. 이 이론은 인간의 상호작용을 포함해 어떤 상황에서도 적용이 가능하다. 나는 영감을 주는 교사가 되기를 희망하는 모든 독자들이 선택이론에 익숙해지기를 바라며 이는 자신에 대한 의무라고 믿는다. 이 심리학을 철저하게 이해하게 되면, 교사들은 학생, 학부모, 동료교사들과 더불어 더욱 성공적으로 일하게 될 것이다. 나아가 이는 수많은 학생들의 탁월한 성취에 영감을 주는 능력을 제공할 것이다. 선택이론과 외적 통제 심리학은 다음과 같은 점에서 차이가 있다.

내적동기 : 외적 통제 심리학은 상벌에 의한 외적 동기가 사람들에게 주어진다고 주장하는 반면, 선택이론은 내적 동기가 사람들에게서 유발된다고 주장한다. 외부 세계는 사람들에게 정보를 제공할 뿐, 그들로 하여금 어떤 것을 하도록 만들지는 못한다. 그렇다고 해서, 외부 정보가 부적절하다든지 하찮다는 의미는 아니다. 오직 인간은 수동적이 아닌 능동적인 존재이기 때문에, 자신의 행동을 내적으로 충동하여 선택할 뿐이다.

개인의 책임 : 선택이론은 인간의 행동에 대한 선택과 그에

따른 자기 책임을 주장하는 반면, 외적 통제 심리학은 외적 자극에 의한 인간 행동의 "형성"을 주장한다. 만약 인간 행동에 대한 후자의 견해를 수용하게 되면, 사람들이 자신의 행동에 책임을 질 경우, 이는 기본적으로 불공평한 처사일 것이다. 왜냐하면 사람들은 부모, 교사, 사회가 그들에게 내려 보내는 끝없는 상벌의 흐름 속에서 탄생한 단순 생산물에 불과하기 때문이다.

자유 의지 : 선택이론은 인간은 자유 의지의 소유자라고 가르친다. 실제로 자유와 자율을 지향하는 동기는 인간의 유전자 구조에서 형성된 것이라고 한다. 반면 외적 통제 심리학은 자유는 환상이라고 하며, 스키너를 비롯한 주요 학자들도 그렇게 주장한다. 즉 외적 통제 심리학의 실천가는 자유 의지를 부정하는 인간관을 지지한다. 반대로, 선택이론의 주창자는 인간을 매일 자유 의지를 행사하는 존재로 생각한다.

선택이론을 완전하게 설명하는 일은 이 책의 범위를 넘는 일이기 때문에 이 정도로 줄인다. 학생들의 탁월한 성취에 영감을 주는 세 가지 필수 요소는 다음에 제시한다. 즉 인간의 보편적인 기본 욕구, 동기의 근원, 그리고 사람들이 현실을 인식하는 방법을 집중적으로 조명한다.

기본욕구 : 유전자의 지시(genetic instructions)

사람은 모두 유전자의 지시를 받고 태어났다. 사람의 키, 눈동자의 색깔, 코 모양 등 신체적 특성에 유전자의 지시가 포함된 사실에 이의를 제기하는 사람은 없을 것이다. 선택이론에 따르면 인간은 자신의 행동에 영향을 주는 5가지 유전자의 지시 체계를 가지고 있다: 타인을 사랑하여 관계를 형성하는 것, 개인의 능력과 권력을 구하는 것, 자유롭고 자율적이 되는 것, 놀고 즐기는 것, 그리고 생존하는 것. 이런 유전자의 지시 중 처음 4가지는 심리적인 것이며, 생존의 욕구는 생리적인 것이다. 인간의 생활을 통해 보면, 행동은 모두 유목적적이다. 즉, 사람은 각각 유전자 구조에서 형성된 지시에 따르도록 설계된 방식을 좇아서 행동한다.

유전자의 지시는 보편적이며, 기본 욕구라고 부른다. 이는 아동이나 성인, 남성이나 여성, 부자나 빈자와는 아무런 상관이 없다. 일반적으로 기본 욕구는 주어진 순서대로 설명한다: 사랑과 소속감, 권능, 자유, 즐거움, 생존. 그러나 여기에 순위나 위계가 있는 것이 아니다. 만일 위계가 있다면, 이는 일반 차원이 아닌 개인 차원이다. 예를 들어, 키가 큰 사람이 있는가 하면 작은 사람이 있듯이, 인간의 행동에 영향을 주는 유전자의 지시는 사람에 따라서 각각 다르다. 사교적인(사랑과 소속감)사람이 있는가 하면, 새로운 도전에 힘을 얻어 더욱 유능해지는 방법(권력과 능력)을 구하는 사람도 있다. 이에 반해, 종종 희생을 감수하면서까지 자율성(자유)을 추구하거나 항상 즐거움(놀이와 오락)에 매료되는 사람도 있다. 끝으로 스카이다이빙, 번지점프, 증권 투자 등 위험률이 높은 행동이라면, 어떤 것도 한 적이 없는 사람도 있다(생존).

즐거움의 욕구는 다른 욕구보다 조금 덜 중요한 것으로 생각하는 경향이 있는데, 전혀 그렇지 않다. 선택이론에 의하면, 즐거움은 학습과 직접적인 관련을 갖기 때문에, 교육에서 특히 중요하게 여겨진다. 교사와 학생 모두에게 즐거움으로 가득 찬 교실이 가장 영감적이며, 교육적으로 풍성한 것은 우연이 아니다.

사람에 따라서 기본 욕구의 강도는 다양하지만, 다른 욕구들과 거의 비슷한 균형을 유지한다. 바람직하거나 바람직하지 않은 욕구는 없다. 여하튼 기본 욕구는 사람들에게 직접적인 동기를 부여하지 않는다. 좋은 세계도 마찬가지이다.

좋은 세계(the quality world)

인간의 기본 욕구는 행동의 동인이다. 예를 들어, 사람들은 타인을 사랑하고 관계를 형성하려는 충동에 이끌린다. 하지만 사랑하는 행동의 지향점이나 사랑하는 방법에 관해 미리 정해진 개념은 아무 것도 없다. 다른 기본 욕구의 경우도 마찬가지다. 자연은 인간에게 특정성(specifics)이 아닌 동기나 "경향성(tendency toward)"을 주었다. 시간이 흐르면서, 인간은 욕구-만족적인 사람, 사물, 행동, 이상(ideal) 등 자기에게 가장 중요한 것에 대해 특별한 인식을 발달시킨다.

선택이론에서는 인간의 마음속에 존재하는 이 특별한 장소를 좋은 세계(the quality world)라고 부른다. 좋은 세계는 과거에 사람들의 기본 욕구 중 한 가지 이상을 만족시켰거나 앞으로 만족시키게 될 것의 그림을 모아 놓은 곳으로써, 모든 사람들의 내부에 존재한다. 이런 것들은 반드시 사회적 규범의 의미를 충족시킬 필요는 없다. 알콜은 알콜 중독자의 좋은 세계에, 자동차 절도는 자동차 도둑의 좋은 세계에, 가정폭력은 가해자의 좋은 세계에 각각 존재한다.

좋은 세계에 진입하기 위해서는 두 가지 조건이 필요하다. 하나는 사람들의 욕구 중 적어도 한 가지 이상을 만족시키는 것이며, 다른 하나는 그것이 사람들에게 기분 좋게 느껴져야 하는 것이다. 바꾸어 말하면, 이는 곧 사람의 개별성(individuality)을 의미한다. 사람들의 좋은 세계에 존재하는 것은 모두 한 가지 또는 그 이상의 기본 욕구와 연결되어 있다. 인간은 모두 기본 욕구에 이끌리는 점에서는 동일하지만, 각 개인이 갖는 좋은 세계의 그림은 필연적으로 타인의 그것과 다른 것이다. 예를 들어, 내 좋은 세계에는 내 가족, 내가 소중히 여기는 신념과 가치, 그리고 내 욕구를 가장 만족시키는 행동이 포함된다.

선택이론에서는 인간의 내적 동기를 강조하는데, 이는 사람들의 개별성을 반영하는 좋은 세계의 그림에 대해 말하는 것과 다를 바 없다. 인간은 좋은 세계에 존재하는 사람과 사물에게서 동기를 부여 받는다. 특정인이나 특정 사물이 자신의 좋은 세계에 존재하는지를 알아보려면, 자신에게 이런 질문을 해 보라: 내가 이 작업이나 이 사람을 위해서 얼마나 부지런히 노력할 수 있겠는가? 나는 이 작업이나 이 사람을 위해서 난관과 고통을 기꺼이 견뎌낼 수 있겠는가? 간단히 말하면, 사람은 자신의 좋은 세계에 있는 것을 위해서 부지런히 노력한다. 내적으로 소망하거나 소중히 여기는 것을 성취하기 위해서 부지런히 노력하려는 자발성이 곧 동기이다.

주의해야 할 말 : 좋은 세계의 일부분이 되는 것은 사람들이 가장 좋아하는 것이다. 그러므로 좋은 세계에 투입하는 것이라고 해서 항상 바람직한 것이라고 할 수는 없다. 왜냐하면, 그것이 반드시 바람직하거나 책임감 있는 선택이라기보다 욕구-만족적이기 때문이다. 특정 학생은 자신의 좋은 세계에 파괴적인 행동을 투입하기도 한다. 이는 권능과 자유의 욕구를 만족시키기 때문이다. 그런 선택은 이해할만하지만, 분명히 사람들이 동의하거나 장려하기 바라는 것은 아니다. 이 문제를 어떻게 해결해야 하는가? 다음과 같은 선택이론의 세 가지 핵심원리를 기억하면 좋을 것이다.

- 모든 행동은 유목적적이다.
- 모든 사람들은 자기가 할 수 있는 한, 최선을 다한다.
- 사람들은 자기가 좋아하는 방식이 있기 때문에 다른 방식으로 행동하려 하지 않는다.

이 세 가지 개념을 명심하면, 사람들은 좋은 세계의 곤란한 그림을 이해하고 관리하는 방법을 알게 된다. 모든 행동은 유목적적이기에 특별한 관점에서 보면, 이해가 가능하다. 도저히 이해하지 못할 행동과 대면하게 될 때, 사람들은 그것을 "미친 짓"으로 취급하여 외면하려는 경향이 있다. 그렇게 한다면 사람들은, 그런 행동을 행한 사람과 성공적으로 일할 수 있는 능력을 상실하게 될 것이다. 그러므로 모든 행동의 목적은 기본 욕구를 만족하는 데 있으며, 이는 개인의 유전자 구조 속에서 형성되는 사실을 이해하는 편이 훨씬 나을 것이다.

또한 사람들은 욕구를 만족하기 위해서 자기 최선을 다한다는 사실을 명심하면, 역시 유용할 것이다. 이 원리는 사람들이 매 순간마다 자신의 잠재력을 최대로 발휘한다는 뜻이 아니다. 비록 사람들이 몇 초, 몇 분, 며칠 후에 다른 생각을 할지라도, 인간의 행동이란 어떤 적절한 시점에서 자신이 원하는 것을 얻기 위해 최선을 다하는 시도라는 점을 의미한다. 이 원리는 무책임한 행동을 변명하거나 사람들로 하여금 자신들이 할 수 있는 것보다 더 못하게 하도록 부추기는 의미는 아니다.

사람들은 자기가 좋아하는 방식이 있기 때문에 다른 방식으로 행동하려 하지 않는다는 원리는 특히 사람들의 곤란한 행동을 처리할 때 유용하다. 그것을 기억하면, 사람들은 중심을 유지할 수 있다: 학생들에게 책임감을 학습시켜 자기 유전자 구조 속에 형성된 욕구를 만족시키는 것. 이런 관점은 효과적인 교사가 되도록 돕는다. 오늘날 교실에는 학습을 방해하려는 의도를 가진 학생들이 많다. 일부 학생들은 고의적으로 끔찍한 폭력적 행동을 일으키기도 한다. 이런 학생들을 성공적으로 관리하는 좋은 기회는 그들은 책임 있는 행동을 할 수 있는 능력의 소유자라는 사실을 기억하게 하는 것이다. 영감을 주는 교사가 지향하는 목적은 학생들이 반사회적인 행동을 지양하면서, 자기 욕구를 만족하는 방법을 배우도록 안내하는 데 있다.

어느 학교를 막론하고 학생들은 항상 폭력의 위험에 노출되어 있다. 학교 안에서 발생하는 폭력을 최소화하기 위해서, 교사는 이 문제를 집중적으로 취급한다. 그들은 모든 학생들이 교내 폭력 문제를 해결하는 데 관심을 갖고 적극적으로 참여하도록 유도하기 위해서 최선을 다한다. 최근에 일어난 한 사건을 예로 들어보면, 많은 학교에서는 학생들이 거대한 학교 공동체의 일원임을 느끼도록 만들기 위해서, 전교직원들과 학생들이 모여서 집단 브레인스톰(brainstrom)의 방법을 이용하고 있다. 이는 학생들의 책임감 있는 행동을 유도할 수 있기 때문에 매우 유용한 것으로 밝혀졌다.

개인의 인생을 지휘하는 좋은 세계의 영향력은 과장될 수 없다. 일단 개인의 좋은 세계에 어떤 일이 발생하면, 그것은 엄청난 에너지를 발산하여 강한 동기를 촉발시킨다. 사람들은 자신의 좋은 세계에 내재하는 것의 안내에 따라 행동하려고 한다. 영감을 주는 교사는 학생들이 사회적으로 긍정적인 좋은 세계의 그림을 구성하도록 할 뿐 아니라, 이런 그림이 결실을 맺는데 요구되는 책임감 있는 행동을 발달시키기 위해서 그가 할 수 있는 모든 일을 다 한다.

외적 통제와 내적 동기

나는 수년 전에 팀(Tim)이라는 학생의 문제를 협의하는 회의에 참석한 적이 있다. 팀은 학교에서 공부를 썩 잘 하는 편이 아니었다. 앞서 팀의 부모는 팀이 학습 불능이거나 학교에서 실패하는 원인을 알 수 있는 다른 특별한 교육적 욕구가 있는지 알아보기 위한 검사를 의뢰했다. 검사 결과 팀의 지능은 평균 수준에 해당하며, 아무런 학습 불능의 징후도 없는 것으로 나타났다.

참석자들은 팀이 성공할 수 있는 학습방법을 놓고 협의했다. 특별한 관심 영역은 팀이 숙제를 하지 않는 점이었다. 어떤 사람이 팀은 숙제를 해 올 때마다 점수를 받았다고 말했다. 팀은 얼마나 숙제를 잘 했는지 그 우수성에 관계없이 그저 점수를 받은 것이다. 팀은 하키를 좋아하고 기능이 뛰어났기 때문에, 그의 부모는 팀이 받아 온 숙제 점수를 하키와 조건화했다. 즉 숙제 점수를 잘 받아오면, 하키를 할 수 있었으나, 그렇지 못하면, 하키를 하도록 허락하지 않았다.

협의회에 참석한 사람들은 모두 팀이 가지고 있는 가장 큰 관심을 우선적으로 고려했다. 나를 제외한 나머지 모든 사람들은 상식적인 외적 통제의 접근방법을 믿었다. 나는 그것은 매우 비교육적이어서 영감을 주는 교사라면 누구도 그렇게 하지 않을 것으로 생각한다. 교사들은 말이 아닌 행동 통제를 이용하여, 숙제를 완성하는 일은 가치 있는 것(팀의 경우 하키)을 얻는 수단에 불과한 것으로 가르쳤을 것이다. 학습의 가치를 약화시키는 어떤 행동도 영감을 주는 교사의 기술 목록에는 들어설 자리가 없다.

어떻게 하면 이 협의회에서 팀이 공부를 잘 할 수 있는 방법을 찾을 수 있겠는가? 선택이론의 개념을 사용했다면, 당시 팀의 좋은 세계의 그림을 존중하는 일부터 시작했을 것이다. 하키를 숙제 완성의 부수적 조건으로 내세우지 않고, 두 영역을 조사했을 것이다.

첫째, 팀과 함께 그가 하키를 중요하게 여기는 이유를 물었을 것이다. 팀이 좋아하는 것에 대해 교사가 진정한 관심을 보여주었을 때, 그는 교사를 단순히 성인의 기대에 순응하기만 바라는 보통 성인으로 보지 않고, 그와 그가 좋아하는 것에 관심을 보여주는 성인(동맹자)으로 보았을 것이다. 또한 팀과 함께 하키에 대해 협의함으로써 참석자들은 그에게 가장 중요한 기본 욕구가 무엇인지 어렴풋이 알 수 있었을 것이다. 그런 정보는 팀의 욕구를 만족시키는 학교 경험을 구성하는 데 유용했을 것이다. 숙제 완성, 자신의 능력에 최선을 다하는 것, 그리고 수업 과정에 완전히 몰입 하는 것은 수행할 가치가 있다는 사실을 팀에게 이해시키기 위해서 교사는 팀과 함께 노력했을 것이다. 그것은 오직 그 자체를 위해서 수행할 가치가 있는 것이다.

둘째, 증상보다 먼저 학교체제를 조사했을 것이다. 교사는 팀은 하키를 하기 위해서 숙제를 해온다는 식으로 팀을 "고정(fix)"시키는 데 에너지를 집중했다. 그 결과 더욱 중요한 일을 할 수 있는 기회를 놓치고 말았다. 숙제를 완전히 무시하거나, 그것에 별다른 노력이나 중요성을 두지 않은 채, 기계적으로 숙제를 해오는 학생들이 많이 있다. 많은 학생들이 이렇게 숙제를 해오도록 만드는 것에 대해서 어떻게 생각해야 하는가? 숙제를 하지 않는 학생들은 "태만하거나, 동기가 부족하다"는 식으로 말하는 것은 지나치게 단순하며 그릇된 생각이다. 예를 들어, 팀이 하키를 하는 것을 보면, 그가 태만하거나 동기가 부족한 것으로 보기 어려울 것이다. 그런 꼬리표는 오도의 여지가 많다.

기본 욕구를 만족하는 학교 활동

학생들의 관심과 노력면에서 보면, 하키나 다른 특별활동 등은 본질적으로 학업보다 더 가치 있고 소중한 것이라고 할 수 있는가? 나는 그렇게 생각하지 않는다. 사람들은 하키와 같은 특별활동에 전혀 무관심한 학생들을 항상 볼 수 있다.

모든 학생들은 자신의 좋은 세계 속에 면학을 투입하여 구체화할 수 있다. 교육학자들이 꾸준하면서도 열심히 공부하는 학생들의 활동을 면밀히 조사하여 그 원인을 밝히는 것은 바람직한 일이다. 예를 들어, 소위 태만, 동기 결핍 학생으로 부르는 수많은 학생들은 운동, 드라마, 음악 등의 분야에서 다른 학생들 못지않게 열심히 노력하고 있다. 무슨 요인이 이런 활동과 관련되어 있는가?

첫째, 이런 활동은 소속하려는 기본 욕구를 학생들이 쉽게 추구하도록 해준다. 심지어 테니스처럼 개인 경쟁이 포함된 스포츠에서조차 선수들은 여전히 팀의 일원이기 때문에, 소속감은 욕구-만족적이다. 음악이나 드라마 활동에 참여하는 학생들도 비슷한 소속감을 느낀다. 이는 장기적이며 때로는 어렵고 힘든 일일지라도, 동기를 충분히 부여하여, 학생들이 거기에 속해 있는 동안 열심히 노력하여 실천하도록 만든다.

둘째, 이런 활동은 학생들에게 개인의 권능감(power and competence)을 부여한다. 경쟁적인 경기에서 패배는 경기영역의 일부이지만, 유능한 코치는 어린 선수들이 승리하지 못할 때조차 성취감을 느끼도록 지도한다. 운동선수는 때로는 무섭게 승리를 원하지만, 승리는 오직 권능감을 느끼는 수단에 불과하다. 코치는 운동선수가 기술을 개선·발전시키는 일을 소중히 여기도록 한다. 마찬가지로 드라마와 음악 연주 등도 학생들이 건강하고 책임감 있는 방법으로 권능감을 경험하도록 해준다. 예를 들어, 까다로운 곡을 받은 젊은 음악가는 믿기지 않을 정도로 열심히 노력하여 능력을 개발하는데, 이는 부지런히 노력하여 성공하는 것이 만족스럽게 느껴지기 때문이다.

셋째, 학생들은 특별활동을 통해서 자유의 욕구를 정확하게 충족한다. 그 까닭은 바로 그 특별활동을 선택했기 때문이다. 어떤 일에 자발적으로 참여하는 일은 많은 사람들의 경험을 극적으로 변화시킨다.

넷째, 일반적으로 운동경기, 드라마, 음악 등은 고차원적인 즐거움과 학습을 포함한다. 물론 이는 지속적인 근면성을 수반하기 때문에 어떤 코치는 폭군이 될 것으로 생각될 정도이다. 그러나 그렇지 않은 경우가 더 많다. 이런 일은 학생들이나 코치에게 모두 즐거운 경험이 된다. 일반적으로 팀원들이 자신의 좋은 세계에서 활발한 활동을 하고 있다면, 코치는 폭군이 될 욕구를 느끼지 않는다. 그들은 코치가 요구하는 것을 최선을 다해 자발적으로 수행하기 때문이다.

운동경기, 드라마, 음악 등은 모두 고도로 욕구-만족적이다. 학생들에게 욕구-만족적인 일을 하도록 해보라, 그러면 그들은 동기가 충천하여 항상 최선을 다할 것이다. 선택이론의 주장처럼, 사람들의 행동은 유목적적이며, 모든 행동의 목적은 자신들의 유전자 구조 속에 형성된 기본 욕구를 만족시키는데 있다. 독자들이 타인들에게 만족스럽지 않은 일을 하도록 요구한다면, 아마 그들은 독자들에게 저항하거나, 독자들이 그들에게 간섭하지 않을 정도의 한계 안에서만 실행할 것이다. 반대로 독자들이 본질적으로 욕구-만족적인 일을 요구한다면, 그들은 열과 성의를 다해 독자들이 요구한 일을 실행할 것이다.

교사가 학생들에게 제공하는 모든 활동은 복합적인 욕구들을 모두 만족시킬 정도로 성공적이어야 하는 것은 아니다. 만약 교사가 선택이론의 개념을 염두에 두고 교실을 구조화하면, 학생들은 훨씬 더 즐거운 분위기 속에서 더욱 탁월하고 의미 있는 성취를 생산할 것이다.

욕구를 만족하는 환경 창조

교사가 성공적인 영감을 주기 위해서는 욕구-만족적인 교실로 구조화할 필요가 있다. 교사는 소속감의 기본 욕구를 이용하여 학생들에게 적절한 상호작용의 기회를 제공할 수 있는가? 교사는 그들에게 권능감의 욕구를 만족시키는 학구적 도전을 제공할 수 있는가? 그런 활동이 일반적이지 않기 때문에, 학생들은 자기가 최선을 다해도 실패할 것으로 믿는다. 교사는 능력 수준에 따라 도전적인 활동을 제공하는 것이 불가능할 것이라고 우려하지만, 체육, 드라마, 음악 등에서 일어나는 일을 생각해 보라. 그런 활동은 능력 수준에 따라서 학생들을 배치한다. 그럼에도 불구하고, 모든 학생들은 자기 능력 수준에서 최상의 성취를 요구하는 도전을 받아들인다. 이는 학생들에게 정당한 권능감을 느끼게 하기 때문이다. 비슷한 방식은 교수-학습이 일어나는 교실환경에도 적용할 수 있다.

오늘날, 그리고 아마 앞으로 다가올 수년간, 대부분의 중등학교에서는 특정 교육과정을 요구하게 될 것이다. 필수과목을 채택하게 되면, 자유를 지향하는 욕구와 양립할 수 있는 교실 환경 구축이 불가능해질 것으로 믿는 사람들이 있다. 나는 동의하지 않는다. 자유 욕구를 인정하는 교실 환경의 구축이라고 해서, 사람들이 원할 때면 언제든지 자유가 가능하다는 것은 아니다. 학교를 비롯한 많은 조직에서는 특정한 일은 특정한 시기에, 특정한 방법으로 실행할 것을 요구한다. 그러나 어떤 조직이라도, 구성원들에게 선택을 허용하여 자유 욕구의 수용이 가능하도록 할 수 있다. 예를 들어, '흑인 역사의 달(Black History Month)' 동안에 내가 달성하고자 하는 수업목표는 아프리카-미국의 역사와 현대 사회의 인종과 관련된 정치적 · 사회적 복합성을 이해하는 것이다. 이 목표를 달성하는 방법은 여러 가지가 있다. 예를 들어, 학생들은 토론회를 열고, 연극을 하고, 자료를 준비하고, 부정을 폭로하는 멀티미디어 보고서를 만들고, 학교 전체 프로젝트에 대해 다른 학급과 합동수업을 실시하는 것 등을 선택했다. 이런 프로젝트의 전체나 일부를 통해서, 학생들은 교사가 계획한 학습결과를 획득하는 방법을 알게 된다.

영감을 주는 교실이라면, 재미있는 특성을 나타낼 것이다. 영감을 주는 교사는 학습 지도안을 작성할 때, 재미를 북돋우는 방법을 계획적으로 선택한다. 다른 방법을 선택한다면 어리석은 일일 것이다. 재미없는 환경에서 영감을 주는 교사를 상상할 수 있겠는가? 그런 환경이라면 학생들은 무슨 내용은 배웠겠지만, 영감을 받아서 더 열심히 공부하려는 학생은 없을 것이다.

선택이론에 익숙한 미국 전역의 교사들은 의도적으로 욕구-만족적인 교실을 구축하고 있다. 그들은 자기 학생들이 예전에 비해 수업을 더욱 훌륭하고 철저하게 수행한다는 보고를 지속적으로 보내오고 있다. 학생이 변했는가? 나는 그렇게 생각하지 않는다. 학생이 학습을 하도록 초대하는 환경이 변한 것이다. 교사와 학생은 욕구-만족적인 환경에서 번창한다.

다시 숙제를 해오지 않는 학생인 팀에게로 돌아가 보자. 선택이론의 관점에서 그가 처한 상황에 접근했다면, 참석자들은 숙제가 얼마나 욕구-만족적인지 조사했을 것이다. 교사가 학생들에게 내주는 대부분의 숙제는 거의 가치 없는 것이며, 숙제를 내주었기 때문에 다만 그것을 완성하도록 기대할 뿐이다. 숙제가 정말 가치 있다면, 교사는 학생들이 그 점을 이해하도록 해야 한다. 그렇지 않으면, 숙제를 부정적으로 인식하여, 그저 하기만 하면 되는 식으로 습관화함으로써, 정성들여 숙제를 하지 않을 것이기 때문이다. 교사가 수행하도록 요구하는 것의 가치를 학생들이 숙지하면, 교사는 학생들의 학업 수월성이 극적으로 개선되는 점을 발견할 수 있다. 팀과 관련하여, 강조하는 점은 팀과 긍정적인 관계를 형성하고 팀이 수업시간에 부지런히 노력하도록 원조하며, 나아가 팀이 좋은 세계에 숙제 완성을 투입하여 구체화 하도록 하는 것이다.

교사가 영감을 주는 교실을 조성하기 바란다면, 좋은 세계와 그것이 동기에 작용하는 핵심 역할을 반드시 이해해야 한다. 사람들이 "내적 동기"에 대해 말하면, 그것은 곧 좋은 세계에 대해 말하는 것과 같은 것이다. 학생들이 공부를 좋은 세계에 투입하여 구체화 하면, 최상의 결과를 생산할 수 있다. 학생들은 피드백과 코칭에서 도움을 얻을 수 있기 때문에, 부지런히 공부하려는 그들의 동기와 자발성에 결코 어떤 의심도 있을 수 없다.

내가 만난 수많은 교사들은 이구동성으로 동기가 높고 열심히 공부하는 학생들을 맡게 되면, 자기 일을 더욱 사랑하게 될 것이라고 말한다. 학급규모는 중요한 문제이며, 더욱 중요하게 고려될 문제는 학생들의 내적 인지능력이다. 하지만 이런 저런 요인을 동기와 관련시켜 보면, 이는 곧 거의 부차적인 것에 불과한 사실을 알 수 있다. 예를 들어, 한 유능한 교사에게 높은 동기 수준을 유지하면서, 부지런히 공부하는 학생들로 가득 찬 교실을 맡긴다면, 학급규모나 학생들의 내적 인지능력과 상관없이 놀라운 일이 일어날 것이다. 동일한 교사에게 인지능력은 매우 우수하지만, 동기 수준이 낮아서 현재 교사가 가르치는 것을 배우기 원하지 않는 소수의 학생들을 맡긴다면, 수업은 악몽 자체가 될 것이다. 교사가 선택이론을 이해하여, 더 많은 학생들로 하여금 교사가 가르치려는 학습 내용을 그들의 좋은 세계에 투입하게 한다면, 그는 영감을 주는 교사가 되는 길목에 들어서게 될 것이다.

학생들과 신뢰 구축

학생들이 자신의 좋은 세계에 새로운 것을 투입하여 구체화 하도록 만들려면, 교사는 학생들에게서 신뢰를 얻어야 한다. 학생들은 왜 자기가 교사의 말을 들어야 하는지 그 이유를 궁금해 할 것이다. 대부분의 학생들이 자신의 좋은 세계에 영향을 줄 정도로 교사를 충분히 신뢰하고 있는지를 결정하는 데는 교사 자신, 교사가 가르치는 교과, 교사가 소중히 여기는 가치의 표현방식이 매우 중요하게 작용한다. 무엇보다 교사는 진정한 인간으로 인식되어야 한다. 만약 학생들이 교사를 부정한 사람으로 인식하게 되면, 당연히 교사를 배척할 것이다. 막상 그런 일이 일어나면, 교사가 가르치는 것은 거의 변화를 끌어내지 못하게 될 것이다. 반대로 학생들이 교사를 진정으로 그들을 사랑하고, 그들이 성공하기를 희망하며, 항상 많은 것을 성취하도록 늘 지원해 줄 것으로 믿으면, 일반적으로 그들은 부지런히 노력할 것이다.

학생들에게 소중한 말을 전하려는 두 교사가 있다고 가정해 보자. 진실한 교사의 말은 경청하겠지만, 부정한 교사의 말은 그렇지 않을 것이다. 소중한 정보를 효과적으로 제공하기 위해서, 교사는 학생들에게 자신이 그들에게 마음을 쓰는 점을 증명해 보여주어야 한다. "가르치기 전에 먼저 관심을 보여라" 라는 격언은 이런 생각을 적절하게 표현한 것으로 볼 수 있다.

지각(perception)

사람들은 현실에 대한 지각에 따라서 행동할 방법을 결정한다. 선택이론에 따르면, 외부 세계에서 들어오는 정보는 세 가지의 여과 과정을 통과해 인간의 뇌에서 지각된다.

첫 번째 여과기는 감각 여과기(sensory filter)이다. 이는 정보를 받는 역할을 한다. 정보는 사람이 어느 정도 인식한 후에야 본래의 의미대로 존재하게 되기 때문에, 감각 여과기를 통해서 들어오는 정보는 어느 정도 왜곡될 가능성이 있다. 이는 사람들이 들은 것, 즉 청각이 진실이라고 말한 것에 따라서 행동할 경우, 그리고 나중에 부정확하게 들은 것을 알게 될 경우처럼, 흔히 겪을 수 있는 사례이다.

두 번째 여과기는 종합 지식 여과기(total knowledge

filter)이다. 이는 정보를 통과시키는 역할을 한다. 인간은 천부적인 의미 창조자이기 때문에, 세계는 물론 들어오는 모든 정보를 알려고 한다. 새로운 정보가 사람들에게 도달하게 되면, 그것은 사람들이 이미 알고 있는 모든 것, 즉 종합 지식 여과기에서 걸러지는 과정을 거친다. 정보는 현실 세계에서는 "상당히 순수한" 형태로 존재하나, 종합 지식 여과기를 통과하면서부터 변질되기 시작한다. 이는 사람들이 들어오는 정보의 완전성이나 정확도와 관계없이 예전의 지식에 근거하여 그것을 해석하는 경향이 있기 때문이다.

이 장에서 제공하는 지식은 종합 지식 여과기가 지각발달을 촉진시키는 좋은 사례를 보여준다. 독자 중에는 선택이론의 지식을 사전에 알고 있거나 처음 접할 수도 있을 것이다. 인쇄된 글은 모든 독자들에게 동일할지라도, 그것을 읽는 과정에서 각각 자신의 과거 경험과 지식을 도입하기 때문에 독자들의 지각은 종합 지식 여과기 안에 있는 것에 따라서 상이하게 발달하게 된다.

교실 안에서도 이와 동일한 과정은 항상 일어날 수 있다. 집단 활동의 일부분으로써 학생들이 미국의 초기 역사에 대해 토의하는 수업상황을 상상해 보자. 학생들은 자신의 독특한 종합 지식 여과기로 인해서 상당히 다양한 지각을 하게 될 것이다. 생활사 박물관을 다녀온 경험이 있는 학생과 그런 경험이 없는 학생은 동일한 토의 주제를 놓고 서로 다른 지각의 입장을 나타낼 것이다.

교사는 학생들의 지각 변화에 도움이 되기 원한다. 이는 평범한 수업에 만족하여, 분명히 기억해야 할 학습결과를 잊어버리는 학생들이 있기 때문이다. 학생의 지각에 영향을 주는 한 가지 방법은 추가 정보를 제공하는 것이다. 종합 지식 여과기에 추가 정보를 제공하게 되면, 학생들의 지각은 반드시 변한다. 그러나 공유해야 할 정보를 학생들이 수용하도록 하려면, 그들이 자발적으로 정보에 관심을 갖게 해야 한다. 이는 항상 학생들과 긍정적인 관계를 충분히 유지할 때 가능하다.

세 번째 여과기는 평가 여과기(valuing filter)이다. 이는 정보를 평가하는 역할을 한다. 생존하고 번성하기 위해 존재하는 인간은 평가적인 동물이다. 평가를 받지 않으려고 애쓰는 사람들까지 포함하여, 모든 사람들은 그들이 접하는 한 조각의 정보까지 낱낱이 평가한다. 사람들은 '이 정보는 욕구-만족적인가?' 라는 기준을 적용하여 들어오는 모든 정보에 긍정적・부정적・중립적 가치를 부여한다.

선택이론에서 주장하는 평가 여과기는 과학적 연구의 지지를 받았다. 뇌 연구자인 피어스 하워드(Pierce Howard, 1994 : 150)는 "오늘날 정서 반응을 일으킬 수 있는 사건은 먼저 정신이 수행하는 평가 활동을 조사해야 한다는 견해에 대체적인 합의가 이루어지고 있다...... 연구자들은 그것이 자극과 반응 사이에서 일어나는 사실을 인정한다. 사람들이 환경으로부터 '새 정보'를 받으면, 그것이 평가 과정에 의해서 판단이 내려질 때까지 좋거나 나쁜 것이 되지 않고 유보된다." 라고 주장한다. 하워드가 말하는 '평가 활동'과 '평가 과정'은 평가 여과기와 동일한 개념이다.

선사시대에는 대부분의 사람들이 주로 생존에 관심이 있었기 때문에, 당시 평가 여과기는 사람들에게 들어오는 정보의 위험성을 알려주는 기능을 했다. 오늘날 평가 여과기도 역시 심리적 욕구 자체에 관심을 갖는다. 예를 들어, 독자들이 관심을 갖는 사람을 보게 되면, 그 사람을 매우 긍정적인 가치에 속하는 것으로 지각한다. 그러나 독자들이 존경한 적이 없는 사람을 보게 되면, 그 사람을 부정적인 가치에 속하는 것으로 지각한다.

사람들은 자기가 얻은 정보에 대해 객관적일 수 없다. 만약 특정 개인이나 특정 사건에 대해 부정적 감정을 갖게 되면, 그것은 부수적인 정보를 해석하는 방법에 중대한 영향을 미친다. 한 극단적인 사례를 보면, 이 사실을 명확하게 알 수 있다. 내가 약물 중독자라고 상상해 보자. 나와 독자들이 상호 중립적이거나 부정적인 관계를 유지하고 있는 상황 아래서, 독자들이 현재 내 행동은 나를 불행으로 몰고 갈 것이라는 사실을 내가 알도록 설득하기 위해서 애쓴다면, 아마 나는 나를 도우려는 독자들의 선의적인 행동을 지겹게 참견하는 것으로 지각하여 그런 시도를 순순히 용납하지 않을 것이다. 내가 의도적으로 지각하려 하지 않는 한, 내 평가 여과기는 내 지각에 영향을 미쳐, 결국 독자들이 제공하는 중요한 정보에서 내가 얻을 수 있는 유용한 것을 얻지 못하게 방해할 것이다. 한편, 나와 독자들이 매우 긍정적인 관계를 유지하는 상황이라면, 나는 독자들의 조언을 달리 지각할 것이다.

설령, 독자들이 나에게 준 조언이 듣기에 거북스럽고 실질적인 고통을 줄지라도, 아마 나는 그 정보를 기꺼이 수용할 것이다. 왜냐하면, 나는 독자들이 나에게 관심을 가지고 있으며, 독자들을 나에게 욕구-만족적인 사람으로 지각하기 때문이다.

모든 교실에서는 매일 동일한 과정이 되풀이 되고 있다. 평가 여과기는 교사가 학생을 지각하고 학생이 교사를 지각하는 방식에 영향을 준다. 교사가 주는 정보를 학생들이 기분 좋게 받아들이도록 하기 위해서, 교사는 학생들로 하여금 교사 자신을 욕구-만족적으로 지각시키는 노력을 꾸준히 기울일 필요가 있다. 학생들이 교사를 소중하게 여기게 되면, 그들은 교사가 제공해야 하는 소중한 정보에서 반드시 유익함을 얻게 될 것이다. 학생들이 교사를 소중하게 여기지 않으면, 교사의 소중한 정보를 멀리 하게 될 것이다. 평가 여과기의 역할은 학생과 긍정적인 관계를 개발할 중요성을 크게 강조한다. 학생들과 적절하고 건강한 관계를 형성하지 않은 채, 수월성에 영향을 주려는 교육전문가라면 누구라도 실패할 운명의 덫에 사로잡히게 될 것이다.

요약

선택이론은 인간의 행동과 동기를 연구하려는 새로운 접근방법이다. 외적 통제 심리학과 달리, 그것은 인간의 동기는 내적으로 유발되기 때문에, 인간은 자신의 행동을 스스로 선택하는 능동적 · 창조적인 동물로 가정한다. 사람들은 유전자 구조 속에서 보편적인 충동, 즉 기본 욕구를 형성하여 태어났다. 인간의 경험은 좋은 세계의 그림(quality world picture)을 개발하도록 안내하여, 고도의 개성을 발휘하게 한다. 이는 모든 내적 동기의 근원이다. 좋은 세계의 그림은 욕구-만족적이라고 믿기 때문에, 사람들은 좋은 세계에 존재하는 것을 만족시키기 위해서 자발적으로 노력한다. 인간의 세 가지의 여과장치, 즉 감정 · 종합 지식 · 평가 여과기는 사람들이 얻은 정보를 이해하는 방식에 영향을 준다.

영감을 주는 교사는 학생들을 주의집중으로 유도하고(감정 여과기), 정기적으로 학생들에게 더 많은 정보와 기술을 제공하며(종합 지식 여과기), 학생에 대한 관심과 존중감을 전달(평가 여과기)함으로써, 세 가지 여과장치에 모두 영향을 미친다. 영감을 주는 교사는 이런 방법을 통해서 학생들이 자신의 좋은 세계에 학습의 근면성을 투입하도록 돕는다. 영감을 주는 교사는 긍정적인 관계의 결정적 중요성을 알고 있다. 그러므로 그는 학생들이 어떤 정보를 숙고해 보도록 초대받았든지 간에 그것에서 어떤 도움을 얻을 수 있는지를 충분히 고려하여 계획적으로 행동한다. 끝으로, 영감을 주는 교사는 학생들로 하여금 교사가 요구하는 것을 수행하도록 하기 위해서 학생들의 기본 욕구를 만족하는 환경을 촉진한다. 그런 환경이라면, 항상 학생들의 행동상의 문제는 드물고 더욱 쉽게 해결될 수 있기 때문에, 학업성취와 학습에 대한 사랑이 샘물처럼 솟을 것이다.

이 장에서는 선택이론의 핵심 요소를 대강 살펴보았다. 더 많은 것을 알기 원하면, 제시된 참고 문헌 목록과 웹 사이트를 참고하면 유용할 것이다. 교사가 지식을 많이 소유할수록, 그 지식과 일치하는 행동을 더 많이 할수록, 교사는 더 많은 학생들에게 영감을 주어 교실 안에서 탁월한 성취를 이루어 낸다.

제 3 장
뇌 기반 학습

효과적인 교수(effective teaching)는 모두 "뇌 정합적(brain compatible)"이다. 수업의 수월성에 영감을 주기 위해서, 교사는 뇌 기능과 뇌 기반 학습 원리에 관한 기본 지식을 갖추어야 한다. 뇌 기반 학습(brain-based learning)은 뇌가 쉽고 효과적으로 학습하는 방법에 관한 이론으로써, 최근 신경학 분야의 연구에 기초한 새로운 학습 접근 방법이다. 이는 어떤 한 가지 이론 모형에 얽매이지 않는 특성을 갖는다.

성공적인 교사는 대부분 부지불식간에 뇌 정합적인 교실을 구축하여 학습계획을 세우는 일이 많다. 다년간의 경험을 통해, 그들은 학생들에게 영감을 주어 면학과 근면성에 내재하는 희열을 가능한 최대한으로 발견할 수 있는 교실을 구축해 왔다. 어떤 교사들은 운이 좋아서 놀라운 교수전략을 우연찮게 발견하는 경우도 있으나, 효과적인 학습방법을 숙고하는 것은 영감을 주는 교사의 자질 중 하나이다.

뇌 기반 학습은 뇌와 학습에 관한 최근의 광범위한 연구를 통해서 알려졌으며, 아직 정교하게 정의된 이론 틀을 갖추지 못한 상태에 있다. 여러 가지 연구에서 나온 정보도 중요하지만, 나는 인간의 행동에 대한 단일이론(single theory)을 소개하는 것도 역시 중요하다고 생각한다. 단일이론에 따르게 되면, 교사가 학교에서 대면하는 수많은 행동을 이해하는 데 일관성을 유지할 수 있다. 선택이론과 뇌 기반 학습은 인간의 행동을 이해하는 효과적인 방법이며 상호 보완적이다. 이 두 가지 이론이 제시하는 개념은 교실 실천을 개선하여 평범한 교사를 영감을 주는 교사로 변화시킬 수 있다.

이 장에서는 뇌 기반 학습의 주요 개념을 개관한다. 새로운 연구와 개념이 매우 빠른 속도로 생산되는 까닭에, 나는 확실하게 정립된 뇌 기반 정보에 한정하여 논의할 것이다. 나는 독자들이 뇌와 학습에 관한 최신 연구에 정통하도록 촉구할 것이다. 뇌 기반 학습에 대해 더 많은 것을 알고 싶으면, 참고문헌을 참조하기 바란다.

비전문가를 위한 뇌 정보

대부분의 교사는 실제로 뇌에 대해 아는 것이 거의 없다. 뇌 기반 학습의 개념을 완전히 이해하기 위해서, 모든 교사는 기본적인 뇌 조직을 비롯해 뇌의 기능에 대해 어느 정도 알고 있어야 한다.

뇌의 평균 무게는 약 3파운드로써 거의 100억 개의 세포로 구성되어 있다(Jensen, 1996, 7). 이와 대조적으로 원숭이는 약 10억 개의 세포를 가지고 있으나, 중요한 것은 뇌 세포수가 아니라, 이런 세포가 만들 수 있는 결합 개수이다. 연구자들은 인간의 뇌 안에서 만들 수 있는 가능한 결합 개수에 대해 명확한 태도를 취하지 않고 있다. 대강 계산해 보면, 결합 가능한 범위는 10,000경 정도로, 우주에 알려진 원자수보다 더 많을 것으로 추산된다(Jensen, 1996, 7).

뇌와 컴퓨터를 비교하는 일은 부질없는 짓이다. 인간의 뇌가 갖는 능력은 고도로 정교한 컴퓨터를 훨씬 능가한다. 뇌는 다중 처리(multiprocessor)가 가능하도록 설계되어 있다. 그러므로 뇌는 색깔, 동작, 감정, 모양, 강도, 소리, 맛, 무게 등을 시간상 제약을 받지 않고 처리하고 있으며, 들어오는 정보를 확인하여 유형을 만들어 이해한다(Jensen, 1996, 8). 연구자들은 많은 교실에서 사용하는 완만한 선형적인 학습 방법은 뇌에 충분한 자극을 주지 못하기 때문에 오히려 학습을 방해할 것으로 믿는다. 대부분의 뇌는 의미 있는 투입이 많이 이루어지는 환경 속에서 번창한다. 풍부하고 다면적인 환경은 매우 뇌 친화적이기 때문에 학생들이 더욱 적극적으로 수업에 참여한다. 그 결과 훈육문제가 극적으로 감소하는데 이는 매우 흥미로운 사실이다.

좌우 반구

뇌는 두 개의 반구로 나누어진다. 한 때 각 반구는 서로 다른 기능을 통제하는 것으로 믿었다. 실제로 두 개의 반구는 거의 모든 행동, 즉 매우 복합적 행동과 관련되어 있는 것이 확실하다.

뇌량(corpus callosum)이라는 일단의 섬유조직은 두 개의 반구가 상호 의사전달을 하는데 결정적으로 중요한 역할을 한다. 반구 상호간 의사전달은 다른 지점에서도 이루어지고 있으나, 뇌량은 그 가운데서 가장 중요한 부분이다. 만약 두 반구 사이의 의사전달이 불가능하게 되면, 우반구로 보내는 정보는 좌반구에서 이용할 수 없게 되고, 반대의 경우도 마찬가지이다.

뇌 전체가 실제로 복합적인 모든 행동에 관여하는 것은 사실이지만, 각 반구는 특별한 기능에 대해 각각 중요한 부분을 담당한다. 뇌에서 특정 부분의 전문화는 높은 효율성을 가져온다. 대부분의 사람들에게 좌반구는 언어 처리와 깊은 관계가 있으며, 매우 분석적 · 체계적이다. 이에 반해 우반구는 전체를 이해하는 것으로써, 매우 시각적이다. 좌반구는 매우 선형적으로 추론을 하기 때문에, 그 정향을 구체화하는 경향이 있다. 우반구는 비선형적으로 인식하기 때문에, 상대적으로 독립된 소량의 정보가 아닌 그 관련성을 조사한다.

말하자면, 반구의 선호성(hemispheric preference)은 절대적이 아니다. 예를 들어, 일반적으로 음악은 우반구와 관련이 있다. 그러나 연구자들은 전문 음악가는 좌반구에서 음악 작업을 더 많이 처리하는 사실을 밝혀냈다. 음악 작업을 할 때, 음악가가 더욱 분석적인 좌반구를 사용하게 되는 것은 음악의 전문성 때문임이 분명할 것이다. 전형적인 좌우 경향성을 반박하는 상이한 사례도 많다. 그러므로 모든 학습자에게서 특정 활동은 반드시 좌반구나 우반구와 관련된 것으로 생각하지 않도록 유의해야 한다. 이런 유의점에도 불구하고, 영감을 주는 교사는 각 반구가 처리하는 스타일을 존중한다. 이런 까닭으로 그는 의도적으로 모든 학생들이 참여와 관련성을 느낄 기회를 극대화하는 학습 환경을 구성한다. 즉 좌반구 지향(체계적인 과제, 문학 활동, 사실적 정보, 선형적 구조)과 우반구 지향(시각 학습, 개방적 질문, 경험 학습, 일반적인 것에서 특수한 것으로의 이동)의 두 가지를 모두 반영하는 활동을 반드시 포함시킨다.

뇌의 의사전달

인간의 뇌 속에 들어 있는 의사전달 네트워크는 약 100억 개의 세포로 조직되어 있으며 매우 방대하고 복합적이다. 뇌에서 처리되는 정보는 반드시 한 세포에서 다른 세포를 통과해야 한다. 즉 뉴런(neuron)의 축색돌기(axon)를 통과하여 충격을 주는 세포인 뉴런의 체세포로 이동한다. 축색돌기 끝에는 작은 구멍인 신경세포의 연접(synapse)이 있는데, 이것이 두 뉴런을 분리한다. 신경세포 연접의 반대편 이웃에 뉴런의 수상돌기(dendrite)가 있다. 수상돌기는 뉴런의 수용기관으로써, 정보를 체세포로 운반한다. 따라서 정보는 또 다른 축색돌기를 다음 신경세포 연접으로 내려 보낸다. 뉴런이 "점화"하여 정보를 신경세포의 연접 구멍 너머로 보내는 데는 반드시 충분한 전기 기술 에너지가 필요하다. 뉴런은 "전부 아니면 무(all or nothing)"라는 원칙이 작용한다. 즉 에너지가 충분하면, 정보가 신경세포 연접에 침투하여 다음 뉴런을 손상하지 않고 도달이 가능하나, 에너지가 불충분하면, 침투가 중단되는 식이다. 매우 일상적인 행동에서조차 타협에 성공해야 하는 신경세포 연접의 개수는 놀랄 정도이다.

뉴런의 의사전달 과정에서 가장 중요한 것은 신경조정 물질이다. 이 물질은 뉴런 속에 저장되어 있다가 에너지가 충분하면 자유롭게 움직인다. 신경조정 물질은 한 뉴런의 축색돌기에서 다음 수상돌기로 정보를 운반하면서 신경세포 연접의 구멍 속으로 이동한다. 일단 이동이 끝나면, 신경조정 물질은 원래 뉴런에 의해 재흡수 된다.

지금까지 50개 이상의 신경조정 물질이 밝혀졌다. 그중 도파민(dopamine), 글루타민산염(glutamate), 엔돌핀(endorphin), 부실수질호르몬(norepinephrine), 세로토닌(serotonin) 등이 가장 잘 알려진 것들이다. 신경조정 물질의 충족 수준은 사람들의 지각, 감정, 학습, 기억에 중요한 영향을 미친다. 적당한 영양섭취와 운동은 사람들이 신경조정 물질을 적절한 수준에서 유지하도록 돕는다. 영감을 주는 교사는 학생들에게 가르치는 내용이나 학년 수준에 관계없이, 효과적인 뇌 형성에서 적절한 영양과 운동이 차지하는 중요성을 가르친다.

뇌 정합적인 학습 환경의 창조

영감을 주는 교사는 의도적으로 학습을 활성화 시키는 환경을 창조한다. 학습은 의식적이거나 무의식적인 결과이다. 젠센(Jensen, 1996, 44)은 "[의식 학습]은 학습을 하는 동안에 학습한 것을 앎을 의미한다. [무의식 학습]은 어떤 것을 이해하는 것, 즉 획득을 의미하지만, 그것에 대한 관심이나 인식이 없는 것을 말한다. 교실에서 이루어지는 학습은 대부분 교사가 가르치지 않아도 발생한다." 고 말한다.

교사는 많은 시간을 투자하여 학습 계획안을 작성하지만, 실제 학습결과는 대부분 무의식적으로 획득된 것이다. 일리노이 대학 참패인-우르바나 캠퍼스의 에밀 돈친박사(Emile Donchin)는 ...... "모든 학습의 99%이상이 무의식적으로 이루어진다. 학생들은 어떤 것의 앎(knowing)이 없이 학습한다. 그들은 환경의 암시 속에서 계속적으로 학습을 포착하여 이해한다. 이는 시각적 암시, 소리, 경험, 냄새, 그리고 어떤 수업 계획이나 코스의 내용을 능가한다." 고 말했다(Jensen 1995, 35).

영감을 주는 교사는 무의식 학습을 이용한다. 예를 들어, 포스터와 그 밖의 주변 상황을 이용할 경우, 어떤 학습 환경도 개선할 수 있다. 학생들의 주의력이 분산될 것을 알면서도 교사가 의도한 학습 환경에 학생들을 노출시키는 것은 과연 의미 없는 것인가? 단순히 "매력적인" 교실 모습을 꾸미는 것이 아니라, 학생들에게 가르칠 가치가 있는 포스터나 다른 주변적인 것들을 선택하라. 영감을 주는 인용구나 고요한 자연의 정경을 담은 포스터 등은 긴장을 완화하는 환경을 만들어 학습을 향상시킨다. 교육과정의 핵심 개념과 같은 내용은 아마 학생들에게 “전혀 관심이 없는 것”처럼 보이더라도, 눈에 띄게 잘 전시하여 학습자들이 그것에 무의식적으로 접근하게 해야 한다. 교사는 학습 환경을 새롭게 유지 · 안내하기 위해서, 교실에 게시하는 자료를 정기적으로 바꿔 줄 필요가 있다. 또한 학생들의 작품을 이용하여 학습 환경을 개선할 수 있다. 영감을 주는 교사는 학생들이 만든 작품을 교실 주변에 전시하여, 그가 학생 작품을 중요하게 여기는 점을 알려 준다. 물론, 더 큰 관심을 끌어내려면 학생들이 스스로 작품을 선택하도록 해야 할 것이다.

음악

음악은 강한 효과를 내는 주변장치다. 1994년 9월 1일 NBC 프로그램의 데이트 라인에서 학습에 영향을 미치는 음악의 효과, 특히 모차르트 음악의 효과를 조사한 적이 있다. 연구자들은 모차르트 곡을 들으면서 학습할 경우, 공간 지각, 기억, 추리력이 어느 정도 향상되는 점을 밝혀냈다. 데이트 라인의 연구와 비슷한 다른 연구도 뇌와 모차르트 음악 간의 상관관계를 밝혀냈다. 초중등학생과 대학생을 대상으로 한 연구에서, 컴퓨터에서 나오는 뇌파활동의 그래프는 놀랍게도 모차르트의 점수와 비슷하게 나타났다(Jensen 1955, 217).

그 밖의 연구들도 특정 음악과 학습 간의 정적인 상관관계를 확인해 주었다. 대학입학고사 위원회가 실시한 연구에 따르면, 4년 또는 그 이상 기간 동안, 음악 공부를 한 학생들은 언어와 수학 시험에서 모두 더 높은 점수를 받은 것으로 나타났다. 또한 과학과 수학에서 최고 점수를 받은 지역은 모두 견실한 음악과 미술교육 프로그램을 실시하고 있었다(Jensen 1995, 219). 스티븐 헬펀(Steven Halpern, 1985)은 "음악 학습은 그 자체가 중요할 뿐 아니라, 그것을 학교 교육과정에 도입함으로써, 수학, 독해, 과학 등의 성적이 크게 향상되었다는 새로운 중요한 증거가 발견되었다"고 말했다(Jensen 1995, 219에서 재인용). 음악 교과는 예산 절감이 필요할 때, 우선적으로 삭감되는 값싼 장식 교과가 아닌 점이 분명하다. 음악과 미술은 전통적인 학습에 중요한 공헌을 한다. 그러므로 예술 교과와 관련된 예산을 삭감하려면, 위험을 각오해야 할 것이다.

음악이라고 해서 모두 학습에 긍정적인 영향을 주는 것은 아니다. 영감을 주는 교사는 교실에서 음악을 사용할 경우, 신중을 기한다. 긴장을 완화하는 음악은 학생들이 안정감을 갖고 집중을 하는데 매우 효과적이다(Halpern 1985, Jensen 1995, 220에서 재인용). 좋은 예로는 장조로 작곡된 바로크 음악을 들 수 있다. 수업시간에 음악을 사용하는 장점은 학생들이 음악을 의식적으로 듣거나 특별히 그것을 좋아하는지는 별로 중요하지 않다는 점이다. 다만 부드럽게 연주하는 음악을 배경으로 깔면 편안한 분위기를 촉진하여 학습에 도움을 주게 된다.

아마 가장 좋은 방법은 학생들이 특별히 잘 알지 못하는 곡을 들려주는 일일 것이다. 친근한 곡을 들려주면, 많은 학생들은 음악에 더 집중하고, 교사가 가르치는 학습내용에 덜 집중하게 된다. 그러므로 교사가 사용하는 음악은 바람직한 학습효과를 제고하되 그가 가르치려고 노력하는 것을 부지불식간에 방해하지 않도록 해야 한다. 내내 음악을 사용할 필요는 없다. 교사가 효과적인 교실 음악을 경험하고 그것을 자기만의 자료로 만들라는 말은 가장 훌륭한 조언이다.

신기성과 일상성

뇌는 환경 속에서 일어나는 새로운 일이면 어떤 것이든지 관심을 기울이도록 구조화 되어 있다. 신기성에는 위험성이 내포될 여지가 있기 때문에, 교사는 새로운 것일수록 특별한 관심을 갖는다. 영감을 주는 교사는 지나친 일상성으로 인해 교실이 수렁에 빠지지 않도록 하기 위해서, 신기성을 학습 환경의 일부로 만든다. 교사는 신개념을 도입할 때마다, 새로운 환경을 조성해야한다. 이 전략은 두 가지 면에서 효과적이다. 첫째, 신기성은 뇌가 더욱 집중적으로 주의를 기울이도록 하여 즉석에서 이루어지는 학습을 극대화한다. 둘째, 게시물의 독특성은 기억을 강화시키는 데 매우 용이하다(기억에 대해서는 후술할 것이다).

뇌는 일상적 의례(ritual) 속에서 번창한다. 신기성에는 부정할 수 없는 가치가 있으나, 역시 상당한 위협과 스트레스가 따른다. 일상적 의례와 예측 가능성은 스트레스를 완화해주기 때문에 뇌에 매우 유익하다. 영감을 주는 교사는 많은 일상적 의례 절차를 교실에서 구조화하여 학생들이 특정 시간에 기대되는 행동을 미리 알도록 한다. 효과적인 일상적 절차의 한 가지 사례에는 특정 음악을 사용하는 방법이 있다. 영감을 주는 교사라면, 학생들이 교실에 들어 올 때, 마음을 편안하게 하는 조용한 뇌 정합의 음악을 들려주면 유용한 점을 알 것이다. 교사들이 많이 사용하는 또 다른 일상적 절차에는 학생들이 교실에 들어오자마자 "오늘의 문제(problem of the day)"를 제시하여 공부하도록 하는 방법이 있다. 수업의 시작단계에서 간단한 일기를 써보게 하는 것은 흔히 볼 수 있는 일상적 절차 중 하나이다.

신기성과 일상성은 동전의 양면과 같다. 교사가 일상적 절차를 구체화 할수록, 학생들은 더욱 익숙해지기 되기 때문에 신기성에서 더 많은 유익을 얻을 수 있다. 일상적 절차가 결여되어, 신기성이 지나치면, 스트레스가 많은 환경을 만들어 오히려 학습을 방해할 수 있다. 그러나 적당한 일상적 절차와 예측가능성이 보장된 환경이라면, 뇌는 신기성의 증가를 더욱 환영할 것이다. 신기성과 일상적 절차 간의 뇌 정합적 균형은 영감을 주는 교실을 구축하는데 유용하다.

도전감과 피드백의 제공

영감을 주는 교사는 뇌를 풍성하게 만드는 환경을 조성하는데 매우 능숙하다. 여기서는 두 가지 전략을 제시한다: 도전감을 주는 환경 조성과 학생들에게 충분한 피드백을 제공하는 방법. 최적의 학습 환경은 도전감은 높은 반면, 위협의 정도는 낮은 특성을 나타낸다. 도전적인 학습 환경이 결핍되면, 학생들은 성장할 기회를 빼앗기게 된다.

잠깐 동안 유전자 학습이론, 즉 선택이론 중 권능의 개념으로 되돌아가 보면, 이것이 어떻게 기능할지 곧 알 수 있다. "중립적인" 환경에서는 기대수준이 낮기 때문에 학생들은 학교공부를 통해서 자신들이 원하는 권능의 욕구를 만족할 기회를 제한받는다. 그러나 도전적인 교실환경에서 복잡한 학습과제를 성공적으로 해결하는 학생들은 바람직하고 생산적인 방법으로 권능의 욕구를 만족할 수 있다. 영감을 주는 교사는 학생들이 도전적인 일에 맞서 분투하는 기회를 제공한다. 동시에 그들은 자신이 분투를 통해 성장한 것처럼 학생들을 적극 후원한다. 교사가 피드백을 충분히 제공하는 교실의 학생들은 더욱 성장한다.

선택이론과 뇌 기반 학습의 주창자들은 훌륭한 피드백이 학습을 향상시키는 점에 동의한다. 나는 피드백과 비평은 구분되어야 한다고 생각한다. 피드백은 학생들에게 정보를 제공하여 효과적인 자기 평가를 실시하게 함으로써, 자기 학습능력의 질적 수준을 향상시킨다. 말하자면 피드백은 비평가적인 반면, 비평은 명백히 평가적이다. 비평은 자기 평가의 자연스러운 특성과 진보를 향한 노력을 방해하는 한계가 있다. 비평을 받게 되면, 학생들은 학습 수행 능력을 높이기 위해서 자기 노력에 집중하기보다, 비효과적인 자기 행동을 정당화하려고 고집하는 경향이 있다. 그러나 훌륭한 피드백이 제공되면, 그들은 자기 평가를 신중하게 실시하여 개선의 조치를 취한다.

피드백의 중요성, 그리고 피드백과 비평 간의 차이를 살펴보자. 만약 교사가 학습과제를 효과적으로 구조화한 상황에서, 한 학생이 작문을 제출할 경우, 이는 당시 학생이 최선을 다한 노력의 결과로 볼 수 있다. 하지만 그 작문은 여전히 개선의 여지가 남아있을 것이다. 그럼에도 불구하고, 만약 그 학생이 특정적이며 적절한 피드백을 받지 못하게 되면, 실제로 그가 자기 작문을 스스로 교정·개선할 것으로 기대할만한 어떤 이유도 없을 것이다. 자기 작문을 교정·개선하라고 학생들에게 말하는 것만으로는 부족하다. 학생들이 비평으로 받아들이지 않는 특별한 피드백이 필요하다. 유용한 피드백과 무용한 "건설적인 비평"은 어떻게 구분하는가? 큰 차이는 학생들과의 의사전달을 구조화하는 방법에 있다. 의사전달이 효과적이면, 학생들은 교사의 평가를 긍정적으로 인식하여, 교사가 제공하는 지혜에서 이익을 얻을 수 있다. 하지만 의사전달이 비효과적이면, 교사의 놀라운 지혜는 그야말로 무용지물이 될 것이다.

나는 학생들에게 "사람들이 여러분의 의견에 큰 관심을 갖기를 원합니까?"라고 물을 것이다. 학생들은 관심을 끌고 싶은 보편적인 욕망(권능감)때문에 "예"라고 대답할 것이다. 그러면 나는 "이번 수업시간의 학습 주제는 효과적인 글쓰기 방법입니다. 글을 효과적으로 쓸수록, 여러분의 의견에 귀를 기울이는 사람들은 더 많아 질 것입니다"라고 말할 것이다.

나는 학생들에게 작문은 "반드시 해야" 하는 것이라고 말하는 대신, 작문은 숙달시켜야 하며, 효과적인 작문은 사람의 권능감을 높여주는 점을 알게 할 것이다. 이리하여 나는 영감을 주는 교실을 구축하는 필수 단계, 즉 좋은 세계의 비전을 학생들과 공유할 수 있게 된다.

다음으로 나는 학생들보다 더 많은 지식, 전문 기술, 작문 능력을 가지고 있다고 말한다. 나는 학생들이 작가로 성장하는 데 내 피드백이 유용한 것으로 믿기 원한다. 나는 이런 목적을 마음에 새기고, 다음과 같이 말할 것이다. "나는 훌륭한 작가가 되기 바라는 여러분의 마음을 알게 되어서 매우 기쁩니다. 왜냐하면 내가 여러분을 도와주면, 그렇게 되도록 만들 수 있기 때문입니다. 나는 오랫동안 작문을 연구해 왔고 지금도 발전을 위해서 노력 중에 있습니다. 나는 글을 쓸 기회가 많았습니다. 여러분을 돕게 되어서 정말 영광입니다. 여러분에게 한 가지 질문을 하겠습니다. 여러분이 작문을 써서 나에게 제출할 경우, 내가 특별히 높이 평가하거나 추가 작업이 필요한 부분을 알려주면, 여러분에게 도움이 되겠습니까?" 즉 내 목적은 학생들이 내 비평을 무용한 "건설적 비평"이 아니라, 좋은 세계의 그림을 공유하여 유용한 피드백으로 인식할 것을 촉구하는 데 있다. 그들은 내 피드백을 자기 작문을 교정 · 개선하려는 자기 비평과 결합하기 때문에, 내 비평을 더욱 유용하고 다양하게 이해하게 될 것이다.

끝으로, "내 비평과 견해를 수용하는 것이 여러분에게 도움이 된다면, 나는 즐겁게 그 일을 수행할 것입니다. 그런데 질문이 하나 더 있습니다. 내 비평을 이해하기 쉽도록 하기 위해서, 여러분이 사용한 펜과 다른 색깔의 펜을 사용하여 비평문을 달면, 도움이 되겠습니까? 여러분이 파란색이나 검정색 잉크를 사용할 경우, 내가 빨간색 잉크를 사용하면, 내 비평을 더 쉽게 찾을 수 있겠습니까?" 순간 일어난 상황은 거의 마술적이다. 이는 영감을 주는 교사가 자기 직무를 효과적으로 수행할 때마다 일어나는 바로 그것이다. 학생들은 갑자기 빨간글씨로 뒤덮인 비평 자료를 긍정적으로 이해하기 시작할 것이다. 이런 이해가 심화되면, 학생들은 교사의 정보를 무용한 것으로 판단하여 무시해 버리지 않고, 유용한 피드백으로 사용하게 된다.

피드백은 뇌가 그 잠재력을 극대화하는데 필수적이다. 피드백을 비효과적으로 사용하게 되면, 그것은 파괴적인 비평으로 악화되어 자연스러운 지식 탐구와 학습을 방해할 것이다. 영감을 주는 교사의 손안에 들어 있는 풍성한 피드백은 학습과정을 가속화하여 학업 면에서 더욱 유능하게 되려는 욕망을 촉진・증가시킨다.

감정

감정은 중요한 학습 요인이다. 학습과정에서 감정을 제거하여 그것을 순수하게 객관적이고 인지적인 사상으로 만들려는 사람이라면, 누구나 선택이론과 뇌 기반 학습의 주창자들이 제안하는 것과 정반대로 행하고 있을 것이다.

선택이론에 따르면, 행동은 4가지 요소로 구성된다: 연기, 사고, 감정, 생리학. 학습의 구성 요인으로써 감정이나 느낌은 인지나 사고에 못지않게 중요하다. 뇌 과학자들의 연구는 학습과정에서 감정이 중요한 역할을 하는 점을 시사한다. 간단히 말하면, 감정이 강한 내용을 경험할 경우, 효과적으로 저장되기 때문에 기억이 더 용이해진다. 반면 감정이 약한 내용을 경험할 경우 비효과적으로 저장되기 때문에 기억이 어려워진다. 영감을 주는 교사는 모든 정보가 효과적으로 저장되어 필요할 경우, 쉽게 정보에 접근할 수 있기를 바란다. 영감을 주는 교실에서는 다음과 같은 많은 것들과 만나게 되는데, 이는 모두 학습의 경험에 감정을 증가시키려는 노력이다: 열정, 드라마, 역할 학습, 현장 토론, 노작학습 경험, 전문가 초빙, 그리고 웃음 등.

위협의 영향

긍정적인 감정은 학습을 향상시키지만, 부정적 감정은 학습을 크게 약화시킨다. 그러므로 학생들이 위협적이라고 느끼는 행동이라면 반드시 피해야 한다. 뇌의 주된 목적은 사람들을 생존하게 하는 것임을 기억하라. 사람들이 위협을 받게 되면, 생존 모드로 전환한다. 사람들의 에너지는 지각된 위협으로부터 생존을 보장하는데 사용된다. 즉 혈액, 산소, 그리고 생명을 유지하는 영양물 등을 큰 근육으로 보낸다. 이는 인간을 보호하도록 설계된 것으로써, 사람들을 익숙한 싸움이나 도주에 대비하도록 준비시킨다. 결과는 뇌에 흐르는 혈액의 감소로 나타난다. 먼저 뇌의 전두엽이 영향을 받으며, 스트레스와 위협을 느끼는 동안 대부분의 영역에서는 타협으로 해결한다. 전두엽은 장기계획, 고차원적인 사고, 문제해결에 관여한다. 위협을 느끼는 학생은 충동적으로 행동하여 비효과적인 판단을 하기 때문에, 효과적인 문제 해결 전략에 접근할 수 없다.

일반적으로 위협의 영향에 대해 말한다면, 그것은 전적으로 신체적 위협만 의미하지 않는다. 아란 로잔스키(Alan Rozanski, 1988, 1005～12)는 빈정거림, 비판, 깔보기 등은 불규칙적 심장 박동의 수치를 증가시킨다는 연구결과를 발표했다. 이런 불규칙적 심장 박동은 선제 공격성의 심근 통증이나 심한 운동의 수치처럼 중요하며 측정이 가능하다. 영감을 주는 교사는 교실을 정서적 · 신체적 위협으로부터 안전하고 확실한 장소로 만든다.

긍정적인 학습 상태

뇌 연구자들은 상태(state)를 "신체 안의 특수한 화학적 균형이 이루어진 독특한 신체정신의 순간"으로 정의한다(Jensen 1996, 49). 상태는 여러 가지가 있으며, 어떤 상태는 다른 것에 비해 학습에 더 유리할 수 있다. 영감을 주는 교사는 상태를 효과적으로 읽고 관리하여 학습을 향상시킨다.

상태는 각각 자체적인 행동 체계를 갖는다. 충분한 피드백이 제공되고, 도전적이며 스트레스가 적은 환경이라면, 학생들은 학습을 최적화 할 상태에 있을 가능성이 높을 것이다. 교사가 바라는 상태는, 학생들이 수행해 주기 원하는 교사의 기대에 따라서 다르겠지만, 학습에 적합한 상태는 일반적으로 다음과 같다: 호기심, 예상, 손에 땀을 쥐는 긴장감, 도전, 일시적 혼란. 영감을 주는 교사의 행동은 이런 바람직한 상태를 유도하여, 학생들이 학습에 완전히 몰입하도록 준비시킨다.

수업과정에서 학생들의 상태를 읽는 것은 매우 중요하다. 수업 분위기를 파악하여 학생들이 지루해 하거나 느슨해지는 점을 감지했다면, 교사는 상태를 변화시킬 행동을 취할 필요가 있다. 학생들이 지루한 상태에 갇혀있는 한, 교사가 학생들에게 영감을 주기는 어려울 것이다. 영감을 주는 교사는 비생산적인 상태를 인식하게 되면, 앞으로 나가기보다, 수업에 도움이 되는 상태로 학생들을 전환시키는 방법을 찾는다.

상태가 변하지 않은 한, 교사가 발견한 문제행동은 변하지 않고 그대로 남아 있을 것이다. 이런 이유에 대해, 뇌 기반 이론가들은 모든 행동은 "상태 의존적(state dependent)"이라고 말한다. 행동의 변화를 원하면, 상태를 변화시켜라. 교사가 허용하지 않은 '나쁜 행동'을 일삼는 학생들은 특별한 상태에 있을 것이다. 그들이 그런 상태에 있는 한, 그들의 행동은 상태가 제한하는 행동 속에 꼼짝없이 갇히게 된다. 학교에서는 대부분의 이런 행동을 환영하지 않는다. 학교가 원하지 않은 행동을 해결하는 가장 효과적인 방법은 학생들이 상태를 변화시키도록 돕는 일이다. 학생들이 바람직하지 않은 상태에서 벗어나, 학교생활에 적합한 상태로 전환하게 되면, 그들의 행동은 거의 즉석에서 극적인 변화를 일으킬 것이다.

미하리 치크젠트미할리(Mihaly Csikszentmihalyi, 1990)는 바람직한 학습상태를 "흐름(flow)" 이라고 했다. 이는 과제가 지나치게 어렵지 않거나 동시에 너무 쉽지 않을 경우에 일어난다. 그는 "도전이 능력을 능가하면, 그것은 불안이다. 능력이 도전을 능가하면, 그것은 권태다" 라고 말했다. 능력 수준과 도전이 일치하는 특별한 지점이 이상적인 흐름의 상태이다. 흐름을 만들어 낼 특정 처방은 없으나, 교사가 협동 학습 집단을 이용하고 학생들이 자기 최선을 다해 도전하게 하고, 스트레스, 압력, 불필요한 마감 기간 등을 최소화하여 재미있는 환경을 제공하면, 교사는 거의 그 지점에 도달할 수 있을 것이다.

주의집중과 이해

교사들은 학생들이 "주의집중"이라는 최적의 상태에서 학습하기를 원한다. 하지만 주의집중과 학습 간에는 분명한 차이가 있다. 실제로, 주의집중은 학습과정에서 필요한 요인이지만, 역시 학습과정에 완전히 몰입하기 위해서는 학생들의 관심을 내적으로 유도하는 것이 중요하다.

학습자가 외부 세계에서 정보를 얻기 위해서는 당연히 외부에 집중해야 한다. 그러므로 새로운 개념을 도입할 경우라면, 주의집중이 매우 유용할 것이다. 그러나 진정한 학습은 외부에서 얻은 정보가 오직 내적으로 처리될 때 일어난다. 만약 학생들이 오직 주의집중만 고집하게 되면, 내적인 이해가 어렵기 때문에 학습과정은 불완전하게 될 것이다. 일단 학생들이 정보를 이해하고, 그것을 내면화 하려면, 주의집중이 아닌 내적인 집중을 해야 한다.

사실상 주의집중과 이해를 동시에 수행하기는 불가능하다. 만약 학생들이 완벽한 주의집중을 한다면(외적 지향), 집중하는 내용을 충분히 이해하기 어려울 것이다. 학생들이 이해에 집중하고 있다면(내적 지향), 외부에서 제공되는 정보에 충분히 집중하기가 어려울 것이다. 종종 학생들의 주의집중이 지나치면 충분한 이해가 어려울 수 있다. 그들은 기계적이며 피상적인 방법으로 학습할 것이다. 학생들은 학습과제를 완전하게 처리하지 못하기 때문에, 높은 수준의 참여를 요구하는 방법을 창의적으로 사용하더라도 결코 학생들이 진정으로 이해하기 어려울 것이다. 교사가 학생들의 주의집중을 원하고 있을 때, 내적인 이해에 쫓기는 학생들은 불리한 상황에 처하게 되는데, 이는 학생들이 적절한 투입이 없이 그렇게 수행하고 있기 때문이다.

영감을 주는 교사는 학생들의 내적인 이해가 가능한 동안만 주의집중 하기를 원한다. 교사는 이해 과정을 촉진하기 위해서, 학생들로 하여금 학습하고 있는 내용의 적합성을 이해하도록 돕는다. 이를 위해서 교사는 학습 내용의 적합성을 매우 인상적으로 소개한다. 이런 소개는 학생들의 관심을 끌어들여서 그것을 장기 기억에 저장될 가능성을 높인다. 또한 그것은 이전의 학습에 새로운 학습 경험을 관련시켜 차별적인 특성을 강조함으로써, 뇌의 경향성이 유형을 만들도록 돕는다.

이해는 내적인 과정임을 기억해야 한다. 선택이론과 뇌 기반 학습 이론의 주창자들은 정보는 학생들이 이해할 때 비로소 의미를 갖게 된다고 말한다. 외부 세계가 학생들에게 제공하는 것은 모두 단순한 정보에 불과하다. 학생들은 주의집중을 통해서 정보에 접근하고 의미를 부여한 후, 그것을 현실에 유용하고 적합하게 만들어 처리한다. 영감을 주는 교사는 학생들에게 주의집중을 하여 이해할 수 있는 기회를 제공함으로써, 학생들이 학습한 것을 자기 것으로 만들도록 한다.

영양소

효과적인 사고에도 건강식품이 필요한 점을 정작 잊고 지내는 사람들이 많다. 이는 영양소를 스포츠처럼 명백한 신체 활동에 관여하는 능력에만 국한시키고 이해하기 때문이다. 사람들이 음식물을 섭취하는 것은 뇌 기능을 향상시키는 한 방법으로 볼 수 있다.

비록 미미한 편이지만, 교사는 학생들의 음식섭취에 대해 약간 영향을 줄 수 있다. 교사는 정보를 공유할 수 있고, 학부모들을 위한 소식지를 발행할 수 있다. 교사가 학생들의 식생활을 크게 개선할 정도의 전문지식과 능력은 부족하더라도, 그는 자신의 전반적인 건강과 기능을 개선할 수 있는 한 방법으로 음식물을 선택할 수 있는 능력은 있다(물론 식생활을 바꾸려는 생각을 하는 사람이라면 누구나 의사의 진찰을 받아야 할 것이다). 1996년 6월 24~29일 보스턴에서 개최한 뇌 기반 학습자의 수료증을 수여하는 자리에서, 에릭 젠슨(Eric Jensen)은 뇌 친화적인 영양소에 관한 몇 가지 정보를 알려 주었다.

집중력과 정신능력을 향상시키는 음식은 다음과 같다: 달걀, 생선, 칠면조, 돼지고기, 두유, 닭고기, 요구르트 등. 달걀 노른자와 발아 밀은 기억을 향상시킨다. 넓은 잎채소, 소간, 콩 등에 들어 있는 엽산은 우울함을 완화하여 학습 수행 능력을 향상시킨다. 브로콜리, 사과, 배, 복숭아, 포도, 땅콩 등에 들어 있는 미량의 미네랄 붕소는 정신 활동을 촉진한다. 뇌 전문가들은 하루에 8~12 컵씩 물을 마실 것을 권장한다(심지어 수업시간 중에 물을 마시게 하면, 학생들의 생활에 변화를 가져올 수 있다는 연구결과가 있다. 적절한 양의 물이 부족한 학생들은 공통적으로 가끔 주의력이 결핍된 산만한 행동이나 행동 장애 등의 징후를 나타낸다. 많은 교사들이 수업시간에 물을 가져오는 학생들의 학습 능력이 향상되었다는 사실을 발견했다). 진한 녹색채소, 고기, 생선과 같이 철분이 풍부한 음식은 주의력, 기억력, 시각-운동신경 조정을 향상시킨다. 포화 지방과 또 다른 고도불포화 지방은 학습과 기억력을 증가시킨다. 끝으로 뇌는 하루에 5~9 차례 적은 양의 간단한 음식이나 가벼운 식사를 할 때 가장 효과적으로 활동한다.

학습 환경에 영향을 주는 기타 요인

색깔, 식물, 향기 등도 학습에 영향을 준다는 사실이 밝혀졌다. 색깔이 사람들에게 영향을 주는 방식에 따라서 사람들의 별난 인성과 상태는 어떤 순간에도 변할 수 있다. 예를 들어, 어떤 사람이 심한 스트레스를 받았다면, 빨간색은 더욱 공격적으로 만들 것이다. 반대로, 긴장이 완화된 상태라면, 그것은 특별히 매력적이며 유혹적으로 변할 것이다. 연구에 따르면(Jensen 1995, 57), 가장 고요한 색깔은 하늘색이다(교실에서는 이 색깔이 매력적으로 보일 것이나, 학생들이 너무 조용하기를 바라지 않는다는 사실을 기억하라). 일반적으로 어두운 색은 스트레스를 낮추고 안정감을 높인다. 밝은 색은 위험한 면이 있는데, 이는 밝은 색이 사람을 흥분시키고 활력을 불어넣을 뿐 아니라, 공격성과 신경질적인 행동을 증가시키기 때문이다. 연구에 의하면, 노란색, 베이지색, 순백색 등은 학습력을 향상시키기에 가장 좋은 색이다.

식물도 학습 환경에 유익함을 더해 준다. NASA 과학자들은 식물은 환경에서 발생하는 오염물질을 제거하고, 산소를 증가시키는 등 변화를 일으킨다는 결론을 얻었다. 미국 청정공기 연방위원회가 수행한 연구결과는 식물은 산소량을 증가시켜, 노동자의 생산성을 약 10%정도 향상시키는데 기여하는 사실을 밝혀냈다(Jensen 1995, 64).

끝으로 향기도 학습에 영향을 미친다. 뉴욕의 폴리테크닉(polytechnic) 연구소에서 실시한 연구에 의하면, 특정 향기에 노출되면, 학생들은 더욱 야심적인 목적을 개발하고, 더 강한 도전 정신을 갖게 되며, 동료들과 더 좋은 관계를 유지하는 사실이 밝혀졌다(Jensen 1995, 65). 집중력을 촉진하는 것으로 보이는 향기에는 박하, 나륵풀(basil), 레몬, 계피, 등이 포함되며, 로즈마리, 라벤더, 케머밀(chamomile), 오렌지, 장미 등은 긴장을 완화하여 마음을 진정시키는데 도움이 된다.

학습이 일어나는 환경은 생산성의 증가를 촉진하여 학습을 향상시키는 방법으로 조직화 될 수 있다. 학습에 영향을 주는 요인에는 사람들이 거의 또는 전혀 통제할 수 없는 것들이 있는 것은 사실이다. 그러나 영감을 주는 교사는 이런 현실적 제약을 수용하면서, 교실 안의 모든 학생들의 학습을 극대화하는 환경을 창조한다.

기억

기억은 기본적인 심리적 과정으로써 학습의 중요한 요인이다. 한 때 많은 사람들은 기억을 사건을 기록한 녹음기와 같이 생각했다. 현재 기억은 창조적이며 재구성의 과정을 훨씬 뛰어넘는 그 이상의 것으로 알려져 있다. 하버드 의과 대학의 다닐 스칵터(Danil Schacter) 교수는 1997년 6월 20일 보스턴의 한 학술 발표장에서 "인간은 세계와 기억 사이에서 창조된 매개물이다." 라고 말했다. 기억은 전체로 입력되어 뇌의 한 부분에 한꺼번에 저장되지 않는다. 기억은 조각난 정보 형태로 뇌의 여러 부분에 나뉘어 저장된다. 적어도 부분적으로 "기억"은 주관적·창조적인 방법을 통해서 지식의 조각에서 현실을 재구성한 것이다.

특정 사실을 기억하려면, 연상이 제공하는 암시가 필요하다. 사람들이 새로운 자료를 접하게 되면, 연상 작용이 많이 일어나는데, 이때, 필요한 자료를 더욱 쉽게 기억한다(Russel 1979, 100). 이런 복잡한 과정은 신기한 정보가 제시될 때마다, 다양한 연상을 좋아하는 뇌의 경향성으로 인해서 더욱 촉진된다(뇌는 새로운 사물에 더욱 관심을 집중하는 점을 기억하라).

연상은 "상황 의존성(context dependency)"의 개념과 관련이 있다. 사람들이 처음 학습이 일어났던 때와 동일한 상황과 장소에 있게 되면, 기억하기 어려운 것이 거의 없게 된다. 영감을 주는 교사는 가끔 학생들이 정보를 기억하도록 질문하면서 처음 학습 상태를 재현한다. 예를 들어, 학생들이 모차르트의 특별 소나타를 들으면서 미국 혁명사를 공부하고 있었다면, 영감을 주는 교사는 논평이나 비슷한 평가를 실시할 경우에, 동일한 음악을 들려 줄 것이다. 음악은 무의식적으로 연상 작용을 일으켜, 학생들이 학습했던 상황에 더욱 쉽게 접근시킨다. 또한 영감을 주는 교사는 학생들이 상이한 상황과 상이한 맥락에서 정보를 변환할 수 있는지 알아보기 위해서, 최초의 학습 상황과는 전혀 다른 상황을 계획적으로 구성한다.

이런 방법은 시간이 지난 뒤에 사용할 자료를 더욱 쉽게 기억시킨다. 이는 학습 경험이 독특할수록, 뇌가 효과적인 연상 작용을 일으키기 때문이다. 그러므로 기억력을 높이기 위해서 고의적으로 착각이나 속임수를 사용하여 불안을 느끼는 사람이 있다면, 뇌는 자연스럽게 연상 작용을 일으키는 사실을 알려주면 안심이 될 것이다. 피터 러셀(Peter Russel, 1979, 129)은 "기억력은 속이지 않으나, 사람들은 그것을 의식적으로 이용하지 않으려 하기 때문에, 효과적인 학습과정을 방해한다." 고 주장했다. 결국 뇌는 사람들이 지원하는 것과 별개로 연상의 결합을 만들어 내려고 한다.

일반적으로 단기 기억은 약 5~20초까지 지속한다. 사람들이 정보를 장기 기억 장치로 이동시키기 위해서는 몇 가지 연상 유형을 만들어야 한다. 영감을 주는 교사는 연상 작용이 학생들에게 효과적으로 일어나도록 촉진한다. 비효율적으로 저장된 정보는 알 수 있으나 사용이 불가능하다. 정보 복구는 정보 입력 못지않게 중요하다. 사람들이 새로운 학습에 독특성을 많이 투입할수록, 정보를 더욱더 쉽게 복구할 수 있다. 명료성과 독특성이 확보되지 않은 상황에서 정보를 입력하는 것은 동일한 이름의 컴퓨터 파일을 모두 입력하는 것과 비슷하다고 할 수 있다. 사람들은 평소에 컴퓨터 하드 드라이브의 어디에 어떤 정보가 들어 있는지 알지만,

정작 그것이 필요하여 찾게 될 경우, 그 과정이 까다롭고 시간이 많이 걸리는 뜻밖의 상황을 경험할 수 있다.

총체적인 의미에서 기억을 말하는 경우가 많지만, 실제로 기억의 유형은 매우 다양하다. 그 중 몇 가지를 살펴보면, 의미 기억, 부수적 기억, 절차적 기억, 그리고 반성적 기억 등이 있다. 의미 기억(semantic memory)은 말과 글에 대한 기억이다. 의미는 기억의 유형 중 가장 신뢰하기 어려운 것이다. 교사가 교과서나 수업시간에 다룬 내용을 학생들에게 기억하도록 요구한다면, 그는 의미 기억을 활용하고 있을 것이다. 이런 접근 방법에는 전혀 잘못이 없으나, 놀라운 기억력을 가진 사람들이 특별히 이런 과제에 약한 점을 기억하면 매우 현명할 것이다.

부수적 기억(episodic memory)은 사건이나 장소에 따른 기억이다. 이는 특정 상황 속에서 형성된다. 예를 들어, 어떤 사람이 부엌에서 일하면서 "오늘 저녁에 공부하려면 침대에서 공책을 가져와야지." 라고 생각했다고 하자. 침대로 갔지만, 정작 그가 아는 것은 그가 그곳에 서 있는 이유를 기억할 수 없는 것뿐이다! 사람들은 무엇을 찾는 사실은 알지만, 그것이 무엇인지 전혀 알지 못한다. 이런 상황이라면, 대부분의 사람들은 왔던 길로 되돌아갈 것이다. 다시 부엌으로 돌아오면, "오, 그래, 공책이야" 라고 갑자기 기억하게 될 것이다.

영감을 주는 교사는 교실 안에서 이처럼 강한 기억 체계를 활용한다. 그들은 학생들에게 학습이 일어나는 상황을 시각화 할 것을 요구한다. 이런 전략은 학생들이 부수적 기억에 접근할 수 있도록 계획한 것이다. 학생들이 이런 전략에 익숙해지면, 자기가 가능하리라 생각했던 것보다 더 많은 기억을 할 수 있는 사실을 알게 된다.

절차적 기억(procedural memory)은 노작 학습의 경험에서 얻은 기억이다. 이 기억의 특성은 체화되어 가장 강한 기억으로 남는 것이다. 많은 성인들은 수년 동안 자전거를 타지 않았으나, 여전히 옛날처럼 쉽게 자전거를 탈 수 있다. 왜냐하면 그런 과제 수행에 필요한 능력이 그야말로 몸 안에 영원히 저장되어 있기 때문이다. 영감을 주는 교사는 학생들을 신체적으로 활발하게 움직이게 만들어 자기 학습에 매혹되도록 함으로써 이런 유형의 기억을 이용한다. 활기차고 격렬한 토론에 참가하여 발표를 하거나, 또는 신체를 이용하여 어떤 것을 할 수 있는 기회를 얻은 학생들은 자신의 몸이 연상으로 휘감겨 있기 때문에 이런 기억에 더 쉽게 접근할 수 있다.

끝으로, 반성적 기억(reflective memory)은 여러 번 반복한 결과에서 얻은 기억이다. 이 기억의 특성은 특별히 강한 감동적 요소를 포함하는 것이다. 모든 사람들은 훈련의 반복적 특성 때문에 별 노력 없이 구구단을 기억한다. 강한 감동적 요소가 포함된 사건은 깊은 연상을 유도해서 지속적으로 기억하게 만든다. 적어도 10살 이상이었던 당시 사람들은 대부분 케네디 대통령이 암살당했다는 말을 들은 1963년 11월 22일에 그가 있었던 장소와 그가 수행하고 있었던 일을 생생하게 기억할 것이다.

의미 · 부수적 · 절차적 · 반성적 기억 등이 거쳐 가는 기억의 경로는 각각 다르다. 비록 사람들이 다양한 체제를 사용하여 정보를 저장하지만, 특정 사건이나 학습 경험에 대한 기억은 사람들이 접근할 수 있는 특별한 경로에 따라서 달라진다. 학생들의 학습결과를 평가할 때, 교사는 다른 것이 아닌, 단 하나의 기억 경로, 예를 들어 의미 기억을 활성화하는 질문을 하는 경우가 많다. 결과적으로 교사가 얻은 정보는 학생들의 학습 내용을 적절하게 대표하지 못하게 된다. 영감을 주는 교사는 가능한 모든 수단을 강구하여 가능한 많은 기억 경로를 활성화 시켜, 학생들이 완전한 자기 지식을 증명할 수 있도록 만든다.

가드너의 다중지능이론

미국 하버드 대학의 하워드 가드너(Howard Gardner)는 1983년에 『정신의 구조: 다중지능이론』(Frames of Mind: The Theory of Multiple Intelligences)이라는 저서를 출판했다. 이 획기적인 저서에서 가드너는 지능의 개념화에는 수많은 방법이 있을 수 있다는 이론을 내놓았다. 수년이 지난 후, 그는 자기 의견을 수정하여, 현재는 처음 주장한 7가지보다 2가지가 더 많은 9가지 지능을 밝혀냈다. 가드너는 일반인들의 지능에 대한 견해가 지나치게 협소한 점을 지적했다. 그는 특정 문화권에서 매우 소중하게 여겨지는 특별한 분야의 능력을 소유한 사람은 그 문화권에서 덜 소중하게 여겨지는 분야의 능력을 소유한 사람보다 더욱 지능이 뛰어난 것으로 보아야 한다고 주장하여 지능의 개념을 보다 넓게 정의했다. 한마디로 그는 지능에 대한 이해가 대부분 문화에 의해서 결정되는 점을 지적한다. 특정 문화권에서 소중하게 여기는 것, 즉 지능을 반영한 것으로 보는 것은 다른 문화권에서 소중하게 여겨지지 않을 수 있음을 시사한다.

가드너가 처음 주장한 7가지 지능은 다음과 같다.

- 논리-수학 지능(Logica;-mathematical) : 이런 계열의 사고자는 일반적으로 수학과 문제해결에 강하다.
- 공간 지능(Spatial) : 이런 사고자는 공간의 대상과 형태를 조정하는 탁월한 능력이 있다.
- 대인관계 지능(Interpersonal) : 이런 사고자는 강한 인간관계의 기술을 소유하며, 갈등 해결, 경청, 설득에 탁월하다.
- 신체운동 지능(Bodily-kinesthetic) : 이런 사고자는 훌륭한 운동기술을 소유하는 경향이 있으며 신체적·운동경기 능력을 소중하게 여긴다.
- 언어 지능(Verbal-linguistic) : 이런 사고자는 말하기, 읽기, 언어사용과 관련된 대부분 활동을 좋아한다.
- 내성 지능(Intrapersonal) : 이런 사고자는 혼자이기를 좋아하며 특히 목표 설정과 자기 평가에 능숙하다.
- 음악 지능(Musical-rhythmic) : 이런 사고자는 특히 소리

의 미묘한 차이(음색, 음조, 리듬)에 민감하다.

사람들은 이런 영역에서 각각 자기만의 특별한 유형의 능력을 소유한다. 다양한 지능은 완전 독립적이기 때문에, 특정 분야의 능력으로 다른 분야의 능력을 예측하기는 불가능하다. 가드너의 다중지능 이론은 능력을 개념화하는 새로운 방법을 제시했다. 젠센(1995, 182)은 이제 "인간은 얼마나 똑똑한가? 라는 질문은 부적합하다. 더욱 설득력 있는 새로운 질문은 인간은 어떻게 똑똑한가? 여야 한다." 라고 말했다.

일반적으로 학교는 두 영역의 지능을 유난히 강조해 왔다: 언어 지능과 논리-수학적 지능. 이 영역에서 뛰어난 학생들은 학교에서 장래 성공할 수 있는 최고의 기회를 얻게 된다. 학교에서의 성공은 우리 사회에서 곧 명백한 특권이다. 가드너의 다중 지능 모형이 유효하다면(밝혀진 지능의 수와 관계없이), 학교는 종종 더 많은 학생들에게 영감을 줄 기회를 놓치고 말았다고 할 수 있다. 영감을 주는 교사는 더 많은 학생들이 영감을 받아서 부지런히 노력하여 성공할 수 있도록 돕기 위해서, 되도록이면, 다양한 지능을 끌어들이는 학습 환경을 부지런히 구축한다.

가드너의 이론에 나타난 신념에도 불구하고, 나는 교사들에게 이 말을 신중하게 받아들일 것을 요구한다. 아직까지 우리 사회는 각 지능을 평등하게 존중하지 않는 풍토가 우세하다. 영감을 주는 교사의 직무 중 하나는 학생들이 우리 사회에 성공적으로 참여할 수 있는 능력을 갖추도록 준비시키는 일이다. 이런 이유로, 나는 그것에 접근하는 교수 방법은 각 지능을 존중해서 길러주어야겠지만, 또한 우리 사회의 문화에서는 언어와 논리-수학 지능에 대한 현재의 수월성을 인정하고 존중할 것을 주장한다.

뇌 기반 교육과정

교육과정(curriculum)이라고 하면, 교실이나 학교에서 학생들이 학습하도록 제시된 학습내용을 연상할 것이다. 뇌 기반 학습은 교수 내용보다 교수 방법에 더 많은 관심을 갖는다. 실제로 어떤 학습내용일지라도, 학생들에게 뇌 정합적인(brain-compatible) 방법으로 소개할 수 있다. 이는 영감을 주는 교사라면 반드시 실천하는 일이다. 학생들에게 그런 방법을 활용하여 개념을 소개하면, 개념이 갖는 학습의 가치를 인정하고 최선을 다하게 된다. 역시 동일한 내용일지라도, 뇌 부정합적인(brain-antagonistic) 방법으로 소개할 수 있다.

이 장에서 살펴 본 주제에 관해 내가 보여준 관심에 비하면, 교육과정의 주제에 쏟은 내 관심은 매우 낮은 편이다. 물론 교육과정의 문제가 중요한 것은 틀림없으나, 두 가지 이유를 들어, 그것을 설명하는 시간과 에너지를 절약할 것이다. 먼저, 교육과정은 주로 중앙 정부나 지방 정부 수준에서 결정한다. 영감을 주는 교사는 교육 내용에 거의 또는 전혀 관여하기 어렵기 때문에, 교육 내용이 어떻게 구성되든지 상관없이 그것을 제시하는 방법은 뇌 정합적이어야 한다고 생각한다. 다음으로, 다른 서책과 자료들이 특정 교육과정의 문제에 대한 연구를 더욱 지원해 줄 것이다. 나는 뇌 기반 학습방법으로 가르치는데 더 많은 관심을 가지고 있기 때문에, 교육 내용에 관한 대부분은 다른 사람들의 몫으로 남겨 놓았다. 하지만 교육과정에 대한 몇 가지는 언급할 가치가 있다.

첫째, 학생들이 적합한 것으로 지각하는 교육과정은 가장 강제적인 교육과정(compelling curriculum)일 것이다. 뇌는 인간의 생존을 돕도록 구조화되어 있어서, 어떤 것을 필수적으로 지각하면, 거기에 주의력을 집중하는 경향이 있다. 반대로 말하면, 만약 어떤 것이 학생들에게 강제적이 아니라면, 이는 분명히 필수적이 아닐 것으로 생각하기 때문에, 에너지와 노력을 더욱 적게 소비할 것이다. 선택이론과 좋은 학교의 주창자들은 학습효과를 극대화 하는 데 적합하면서도 욕구-만족적인 환경 구축의 중요성을 오랫동안 인식해 왔다. 학습내용의 적합성은 반드시 학생들에게 전달하여 인식시킬 필요가 있다. 그러나 교사가 교육과정이 유의미하고 적합한 것으로 이해하는 것만으로는 부족하다. 중요한 것은 학생들이 학습하도록 요구받는 내용의 가치와 적절성을 학생들이 스스로 이해하는 것이다. 영감을 주는 교사는 학생들이 학습하도록 요구하는 내용이 중요하기 때문에, 깊은 관심과 노력을 쏟을 가치가 있음을 분명하게 인식시킨다. 이것이 효과적인 교육과정 관리의 본질이다.

둘째, 뇌는 다중처리 장치이기 때문에, 학생들이 학제적 경험(interdisciplinary experience)에 초점을 두도록 지도하면, 학습효과가 높아진다. 뇌는 정보를 고정된 방식, 계열화된 방식으로 처리하지 않는다. 학생들은 교과의 경계선을 희미하게 만드는 복잡한 그물망과 연결망을 형성하여, 거대한 양의 정보를 얻어서 이해한다. 자연 학습(natural learning)은 주제 중심이며, 학제적이어서 학습효과가 높다. 대부분의 학교, 특히 중등학교에서 이루어지는 학습은 교과를 인위적으로 분리하여, 엄격한 교과범주 형태를 취하고 있다. 학교 개선과 혁신을 진지하게 생각한다면, 학교와 교육과정의 구조화 방법을 연구하는 편이 현명할 것이다. 하루시간을 영어, 수학, 사회, 과학, 미술, 음악 등으로 계획하고 그것을 단위시간으로 나누게 되면 편리한 점이 없지 않을 것이다. 그러나 이런 구조는 뇌의 조직화 방법과 일치하지 않는다. 뇌 정합적인 학교는 상당한 학제적 학습과 주제 중심의 학습기회를 제공한다.

셋째, 영감을 주는 교사는 일반적으로 특정 내용보다 기본능력에 더 큰 관심을 갖는다. 예를 들면, 그들은 학생들이 잘 읽을 수 있는 능력을 갖추어 평생 독서가가 되기 원한다. 그들은 학생들이 읽는 특정 서적에 대해 별 관심이 없다. 만약 그들이 생각하기에 모든 사람들이 특정 책을 읽고 토론함으로써 이익을 얻을 수 있다면, 물론 그들은 그런 책을 교육과정에 포함시킬 것이다. 그러나 선택이론을 이해한다면, 그들은 되도록이면 학생들에게 더 많은 선택의 기회를 제공하여 기본 욕구를 자유롭게 만족하도록 최선을 다 할 것이다.

영감을 주는 교사가 전문가로서 특정 과제를 가르칠 필요가 있는지 결정을 해야 한다면, 그는 학생들에게 그 이유를 설명하여, 과제는 임의적인 것이 아니라, 훌륭한 취지를 갖는 점을 인식시킬 것이다.

끝으로 영감을 주는 교사는 일반적으로 학생들에게 다양한 주제를 깊이 있게 학습할 기회를 제공한다. 이런 전략은 가급적 채워주는(being covered) 내용은 줄여서 설명하지만, 가르치는 내용의 학습은 훌륭하게 이루어진다. 선택이론과 뇌 기반 학습의 원리를 바탕으로 조직된 학교에서 일하는 교사와 학생들은 "채워지지" 않고, 학습되는 사실에 자부심을 갖는다.

간단히 말하면, 교육과정을 결정할 때, 다음 사항을 기억해야 한다.

- 교육과정을 적합하게 만들어라.
- 교육과정을 학제적으로 만들어라.
- 능력에 초점을 맞추어라.
- 되도록이면 학생들에게 선택의 기회를 많이 제공하라.
- 심화학습의 기회를 제공하라.

이런 일반적인 말을 떠나, 나는 어떤 교실에서도 가장 훌륭하게 제공되는 학습내용에 관한 결정은 영감을 주는 각 교사가 결정하도록 남겨 둘 것이다.

평가

평가는 내가 언급하기에 가장 벅찬 부분이다. 나는 교수-학습을 위해 효과적으로 사용할 수 있는 소중한 시간을 평가에 사용함으로써 오히려 시간을 낭비한다고 생각한다. 지금까지 실행해 온 것 중 나를 놀라게 하는 것은 학생들에게 서술식으로 평가하는 전통적인 평가 방법이다. 이는 지금까지 실시되어 온 최악의 평가 방법으로써 가장 뇌 부정합적인 개념 중 하나이다. 내가 『영감을 주는 좋은 학교』(Inspiring quality in your school; Sullo 1997, 182)에서 말한 것처럼, 나는 서술식 평가를 폐지할 것을 주장한다. 나는 일정한 시점에서 교사가 보증하는 증거에 따라 학습한 것으로 확인되면, 그것을 학생과 학부모에게 유의미한 피드백으로 제공하는 제도로 바뀔 날을 기대한다.

이런 일반적 평가와 성적 평정에 관한 내 주장은 일부 사람들에게 급진적으로 보이겠지만, 이는 뇌 연구에 의해서 증명된 것이다. 에릭 젠센(Eric Jensen, 1996, 118)은 "많은 교육자들은 매일 학습결과를 평가해야 하는 것으로 생각한다. 그러나 그렇지 않다. 신경 과학자인 캘리포니아 대학교의 게리 린츠(Gary Lynch) 박사는 학습을 신경망 밀집성의 변화와 수상돌기의 결합인 접합(synaptic)의 성장으로 정의했다. 그것을 측정하는 시험을 치러보았는가? 생물학자인 아이라 블락(Ira Black)은 학습을 '결합성의 신경단위 유형을 수정하는 것'으로 정의했다. 그것을 측정하는 시험을 치러보았는가?"

라고 말했다. 역시 젠센(1995, 227)도 "생물학적으로 가장 훌륭하고, 가장 중요한 심층적인 학습은 상당 시간 동안, 어떤 명백한 결과도 생산하지 않는다. 바꾸어 말하면, 대부분의 평가도 마찬가지이다." 라고 말했다.

이 학생과 저 학생을 비교하는 일은 뇌 부정합의 사례 중 가장 좋지 않은 것이다. 다행스럽게도, 지금은 그런 일이 별로 흔하지 않다. 설령 그런 과정상에 중요한 점이 있더라도, 이는 분명히 학습활동과 관계없는 것이다. 학생들의 지속적인 평가를 주장하는 사람들이 참고해야 할 유일하고 적합한 비교 자료가 있다면, 이는 특정 학생의 성적을 그 학생이 이전에 얻은 성적과 비교하는 방법일 것이다. 교사, 학생, 학부모는 이런 정보를 건설적으로 사용할 수 있다.

나는 이런 입장의 새로운 평가 체제를 도입하여 학생들에게 피드백을 제공하기 원한다. 이는 학습자들이 자기 평가를 효과적으로 실시하여 스스로 학습의 질을 개선하도록 계획한 평가 방법이다. 비록 그럴지라도 나는 학생들의 학업 수행 평가는 계속될 것으로 믿는다. 현재 상황이라면, 영감을 주는 교사는 학습을 향상시키는 진실하고 적합한 평가 도구를 개발해야 할 것이다.

가장 진실한 평가는 학생들이 학습한 것을 활용할 수 있는 방법을 증명할 수 있어야 한다. 학생들은 학습을 통해서 차이를 만들어 낸 방법을 어떤 형태로든지 명확하게 증명해 보일 수 있어야 한다. 숙달된 결과를 다른 사람들에게 보여주는 것은 명백한 생산물의 증거이다. 예를 들어, 예전에 책꽂

이를 만드는 기술을 몰랐던 학생이 책꽂이를 만들었다면, 그가 만든 책꽂이는 학습이 일어난 명백한 증거가 될 수 있다. 한 학생이 지역의 유력 정치인에게 편지를 보내서 답장을 받았다면 그가 받은 답장은 자기 의견을 글로 표현할 수 있는 상당한 능력을 가졌다는 증거가 될 수 있다. 조사 연구 보고서는 특정 학생이 정보를 수집 · 분석 · 평가 · 제시하는 방법을 알고 있는 증거가 될 수 있다.

사람들의 수많은 "실생활(real-life)"의 경험을 들여다보면, 그들이 성공적인 생활을 했는지를 알 수 있는 고유한 피드백 체제가 있다. 학생들이 학교에서 수행하는 대부분의 경험은 실생활과 거리가 있지만, 그것의 추구는 매우 소중하다고 할 수 있다. 영감을 주는 교사는 분명한 수월성의 지침을 마련한다. 교사가 산뜻하고 명료화된 기준과 충분한 시간을 갖고 자기가 요구하는 것을 학생들이 완전히 이해할 수 있는 방법으로 가르칠 때, 평가는 소중한 피드백을 제공하여 모든 학생들의 성적을 향상시키는 방향으로 이루어질 것이다.

요약

뇌 기반 학습은 영감을 주는 교사에게 뇌가 효과적으로 학습하는 방법 및 교실 경험과 학습계획이 양립할 수 있는 전략을 제공한다. 선택이론은 실제로 실천 가능한 이론적 모델을 제시한다. 뇌 기반 학습은 학습방법의 연구결과에서 얻은 발전적 모델이다. 다음 장에서 제시하는 발달 문제의 이해와 함께, 뇌 기반 학습은 영감을 주는 교사가 자기 교실을 가꾸는 기초를 제공한다. 인간 행동에 관한 건전한 이론을 활용하여 그것을 최신의 뇌 작용 정보와 연결함으로써, 학생들의 발달 욕구에 민감하게 반응하는 교실을 구축하면, 모든 교사는 학생들의 인생에서 특별한 사람이 되는 기회를 얻게 될 것이다.

기초편 1부

제 4 장
발달이론의 쟁점

스테판 코비(Stephen Covey, 1989)는 뉴욕 지하철을 타면서 겪었던 경험담을 털어 놓았다. 코비가 탔던 조용한 전동차 안으로 한 남자와 아이들이 들어왔다. 그 남자의 자녀로 보이는 아이들은 아무런 제지도 받지 않은 채, 전동차 안을 마구 뛰어다니기 시작했다. 코비는 아이들의 아버지를 매우 무책임한 사람이라고 생각했다. 보다 못한 코비는 화가 나서, 그 남자에게 말을 건넸다. 말을 나누는 동안, 코비는 아이들의 엄마가 세상을 떠났으며, 가족들이 방금 병원 문을 나섰다는 사실을 알게 되었다. 이 새로운 정보를 알았더라면, 코비는 아버지와 아이들의 행동을 전혀 달리 이해했을 것이다.

사람들은 흔히 관찰에서 추측한 사실을 "유일한" 진실이라고 생각하는 경향이 있다. 그러나 진실은 상황에 따라서 여러 가지가 있을 수 있기 때문에, 역시 관찰한 행동을 설명할 수 있는 진실도 몇 가지가 있을 수 있다. 교사가 불완전한 정보를 사실로 믿게 되면, 코비처럼 잘못된 판단을 하게 될 것이다.

어떤 연령 집단을 가르치든지, 교사는 매일 수많은 행동과 대면하게 된다. 뇌 연구자들은 발달상 중대한 장애나 문제가 없는 보통 학생들이 일반 교실에서 공부하고 있지만, 이 학생들을 발달상으로 보면 약 3년 정도 차이가 있다고 한다(Jensen 1995, 12). 영감을 주는 교사는 발달에 대한 정확한 지식을 가지고 있어서, 특정 연령대에 나타날 것으로 기대되는 행동과 비정형적인 행동을 이해할 수 있다.

오랜 세월에 걸쳐 많은 발달 모형이 개발되었다. 로버트 케간(Robert Kegan, 1982)은 이를 종합하여 새로운 심리적 발달 모형을 제시했다. 케간의 모형에 의하면, 사람들은 경쟁과 협력의 단계를 번갈아 가면서 변화하는데, 일련의 이런 진행과정을 통해서 전단계보다 더 높은 수준의 단계로 진입한다. 즉 사람들이 협력과 경쟁 단계를 순환하는 과정에서 더욱 복잡한 행동으로 발달해 간다.

그 밖에도 인간발달에 관한 새로운 이론이 발표되어 소중한 평가를 받아 왔다. 어떤 이론은 협조적인 욕구를 “협력(affiliation)”라고 부른다. 경우에 따라서 사람들을 분리시키는 상보성(complementary)의 욕구를 “개성 형성(individuation)”라고 부르기도 한다. 낸시 벅(Nancy Buck, 1997)은 기존 모형과 결합한 새로운 발달 모형을 개발했다. 이는 인간발달을 선택이론의 관점에서 새롭게 바라보려는 모형이다.

인간발달론

벅의 이론은 인간은 유전자의 지시인 기본 욕구를 가지고 태어났기 때문에, 행동은 반드시 그 지시에 따라야 할 것을 시사한다. 인간은 다른 사람들, 특히 부모나 자신을 돌보아주는 중요한 타자들에게 의지하면서 생을 시작한다. 하지만 인간은 이들의 의존에서 벗어나 독립적인 생활을 하기 위해서 스스로 자기를 부양하는 방법을 배우려는 충동에 이끌리게 된다. 인간은 초기 단계에는 다른 사람들에게 의존하면서 생활해야 하는 존재이기 때문에, 적어도 이 기간 동안에는 확실한 삶을 보장받을 필요가 있다. 이런 까닭에 인간은 자기를 돌봐 주는 사람들(사랑과 소유물)과 끈끈한 관계를 발전시키는 협력적 능력을 발달시킨다. 동시에, 인간은 경쟁적 능력을 발달시키는데, 이는 혼자서 세상을 살아가는데 필요한 행동을 가능하게 해준다. 말하자면, 겉으로 보기에 모순적이나, 정말 상보적인 두 범주의 능력은 유년시절에서 매우 중요하다: 협력적 능력과 경쟁적 능력. 양자는 인간이 독립을 지향하도록 돕는 것이며 반드시 필요한 행동이다.

벅은 사랑과 소속감의 욕구 및 즐거움의 욕구는 협력적 욕구로 개념화 할 수 있다고 한다. 그에 의하면, 사람들은 이 욕구를 만족하기 위해서 항상 협력적 행동을 사용할 필요가 있다. 같은 맥락에서 사람들은 권력과 자유의 욕구를 만족하기 위해서 항상 경쟁적 행동을 사용하기 때문에 권력과 자유는 경쟁적 욕구라고 할 수 있다. 사람들은 협력 · 경쟁적 욕구를 두루 만족하는 방법을 찾지만, 유년시절을 통해서 보면, 협력에 더욱 이끌렸던 시절이 있었고 경쟁에 더욱 이끌렸던 시절이 있었을 것이다. 벅의 모형에 의하면, 발달단계에서 일반적인 연령범위를 정하고 있으나, 이는 단지 일반적 지침일 뿐이다. 더욱 중요한 것은 협력과 경쟁적 욕구 사이에서 일어나는 순환적 이동이다.

생후 8개월 동안 느끼는 가장 중요한 욕구는 생존이다. 영아가 안전감을 느끼게 되면, 그들은 협력(사랑과 소속감, 오락)과 경쟁(권력, 자유)의 심리적 욕구에 주의를 기울이게 된다. 약 8～16개월까지, 영아와 유아는 자기 생존을 돕고 만족하는 협력적 행동에 더욱 초점을 맞춘다. 예를 들어, 영아는 구구 소리, 미소, 눈과 눈의 마주침, 까꿍 놀이 방법을 배운다. 이는 모두 효과적인 협력적 행동으로써 이 의존 기간 동안 보호를 잘 받으며 지내려는 기회를 극대화 한다.

약 16～20개월 사이에, 대부분의 유아들은 경쟁적 행동이 우세한 "끔찍한 2살"의 시기로 접어든다. 이 기간은 경쟁적 행동이 지배한다. 일반적으로 약 6개월 동안 계속되는 이 단계에서, 유아는 자유에 대한 강한 욕망을 나타낸다. 그들은 자신의 욕구를 분명한 언어로 표현할 능력이 부족하기 때문에, 비명을 지르고, 짜증을 내고, 물건을 내던진다. 아동은 때때로 협력적일 뿐 아니라, 경쟁적이 됨으로써 자기가 원하는 것을 얻는 방법을 배운다. 이런 연유로 인해서 부모는 항상 이 시기를 특별히 귀엽게 여기지 않은 경향이 있으나, 아동 발달에서 중요한 단계이다. 이 단계의 아동은 책임감 있는 경쟁적 행동을 획득해야 한다. 만약 아동들이 오직 협력적 행동만 사용하여 자기 욕구를 만족하는 방법을 배우게 되면, 성인이 되어서 심각한 문제가 따를 수 있다.

이 주기는 아동기 초까지 내내 계속된다. 대략 매 6개월마다 소속감의 욕구와 즐거움의 욕구가 지배하는 협력 단계에서 권력과 자유 욕구가 지배하는 경쟁 단계로 이행해 간다. 각 단계를 거치면서, 아동들은 더욱 세련되고 능숙하게 되어 협력적이며 경쟁적인 자기 행동방식의 레퍼토리를 늘려간다.

협력적이거나 경쟁적인 행동을 불문하고, 모두 만족스러울 수는 없다. 협력은 사람들을 지나치게 편안하거나 안전하게 해주기 때문에, 세계에 대한 충분한 탐구를 어렵게 만드는 반면, 경쟁은 사람들을 다른 사람과 분리시키는 약점이 있다. 이 역동성은 전 아동기를 통해 순환한다. 아동들은 전 단계를 통해서, 자신의 모든 심리적 욕구, 즉 더욱 협동적이며 더욱 경쟁적인 욕구를 만족시키고 싶은 욕망을 갖게 된다. 특정 유형의 욕구는 다만 특정 단계에서 더욱 우세할 뿐이며, 다른 단계에는 덜 우세하게 나타난다. 그러나 벅은 자신의 안전이 위험하다고 느끼게 되면, 종종 경쟁 단계에서조차 경쟁적 행동을 포기하고 자기가 믿기에 더 효과적일 것으로 생각되는 협력적 행동으로 되돌아 갈 것이라고 주장한다.

이 전략은 교실에 중요한 의미를 갖는다. 두려움이 상존하는 교실의 아동들은 더욱 협력적인 행동을 하겠지만, 그 행동과 관련된 대가를 톡톡히 지불해야 한다. 아동들은 전진, 탐구 등 모험을 동반하는 행동을 단념하게 되는데, 이는 모두 자유, 권력, 학업성적의 향상과 긴밀한 관계가 있는 것들이다. 영감을 주는 교사는 아동들이 경쟁 단계에 있을 때, 이런 욕구가 안전하고 신중하게 추구되도록 충분한 구조를 제공하면서 자신의 교실환경이 아동들을 지원하고 있는지를 면밀하게 평가한다.

6개월의 주기는 거의 처음 7년간 계속된다. 여러 단계는 점차 확대되어 8, 9 또는 10개월까지 계속된다. 이런 가운데, 아동들은 협력적이거나 경쟁적으로 될 수 있는 행동을 효과적으로 연습할 수 있는 시간을 더 많이 얻게 된다. 아동들이 청소년기로 접어들게 되면, 특히 경쟁적 행동이 중요하게 된다. 그들은 가끔 언짢은 태도를 취하며, 권위에 의문을 나타낸다, 영감을 주는 교사는 청소년의 중요한 발달과업이 독립과 독자적인 정체성의 형성인 점을 알기 때문에 그런 행동을 마음에 두지 않는다. 그는 독립을 시도하는 청소년들의 현재 행동은 경쟁적 행동이 우세한 발달단계에서 번창하는 것으로써, 자아를 확인하는 행동이라고 생각한다.

심지어 경쟁적 욕구가 특히 강한 시기에도, 청소년들은 여전히 협력적 욕구를 느낀다. 이런 이유 때문에, 많은 청소년은 자기 부모(경쟁)와 매우 달라 보이나, 대다수 동년배들(협력)과는 매우 비슷하게 보인다. 또한 많은 청소년은 부모와 교사에게서 인정받기를 원한다. 그들은 자기 독립을 양보하지 않으면서 이런 욕망을 전달하는 방법을 잘 알지 못하기 때문에, 성인에게서 필요 이상으로 멀어지게 된다. 영감을 주는 교사는 청소년들이 가끔 서툴고, 도전적 태도를 보이며 독립과 분리를 향해 나아갈 때조차, 그들의 마음과 교통하여, 안전하게 느끼도록 배려한다.

특히 청소년 초기는 경쟁적 충동이 강한 시기이다. 대부분 학생들은 16세에 도달할 즈음 협력적 행동이 다시 출현하기 시작하는데, 학생들은 그것을 거의 경쟁적 행동처럼 철저하게 사용한다. 중학교와 고등학교 저학년 단계의 학생들을 가르치는 교사들은 이들을 경쟁 단계로 이행시키는 기술에 능숙할 필요가 있다. 미숙한 교사는 경쟁 주기에 속한 학생들을 지도하는 데 어려움을 겪게 되어, 사기가 위축되거나, "과도한 권력"을 사용함으로써, 효과적이고 공정하게 경쟁하려는 학생들의 학습 욕구를 봉쇄할 수 있다. 두 가지 경우 모두 누군가는 패배할 것이 분명하다.

중학생에서부터 고등학교 저학년을 가르치려는 교사라면, 과업 지향적이며, 학구적인 면에 초점을 맞춘 학습 환경을 구축해야 할 것이다. 양자는 모두 경쟁적 행동, 자율, 독립을 지향하는 학생들의 욕구를 만족시키고, 교사의 지위에 부여된 권위를 유지시켜 주는 장점을 가지고 있다. 여기서 가장 중요한 요소 중 하나는 교사가 자신의 권력 의식을 확보하는 일이다. 경쟁 단계에 속한 학생들을 지도하는 교사는 매우 취약하기 때문에, 권력 투쟁과 논쟁에 휘말릴 가능성이 크다. 오직 자신의 권력 욕구를 효과적인 방법을 통하여 만족시킬 수 있는 교사만이 이런 상황을 잘 관리할 수 있다. 심한 경우, 논쟁에 휩쓸려 고함을 지르며, 청소년들과 다툼을 벌리는 교사들도 있다. 그들은 자기 권력을 사용하여 학생들을 지배할 수 있기 때문에, 이 방법은 교사들에게 상당한 만족감을 줄 수 있을 것이다. 하지만 이는 교사의 부적절한 행동을 보여주게 되어, 청소년들이 자기 코앞에 놓인 매우 중요한 발달과업을 학습하지 못하도록 방해하는 결과를 초래하게 된다: 공정하고 효과적인 경쟁 학습방법.

영감을 주는 교사가 되는데 필요한 능력은 학생들의 연령과 발달단계에 따라서 차이가 있다. 25년 동안 교육계에서 종사하는 동안, 나는 유치원에서부터 고등학교에 이르기까지의 학생들을 두루 가르쳤다. 나는 각 단계의 학교 교사들이 학생들에게 영감을 주어, 그들로 하여금 열심히 노력하여 탁월한 성적을 성취하도록 변화시키는 것을 보고 큰 감명을 받았다. 벅의 인간발달의 모형이 시사하는 것처럼, 초기 청소년 단계나 고등학교 졸업 무렵의 학생들을 가르치는 교사라면 협력과 경쟁의 두 단계와 대면하게 될 것이다.

초기 청소년기에 속한 약 16세 정도의 학생들을 가르치는 교사는 그들이 협력보다 경쟁에 더욱 이끌리게 되는 점을 알게 될 것이다. 협력에 이끌릴 때라면, 분명히 그들과 함께 일하는 것이 더욱 쉬울 것이다. 그럼에도 불구하고, 영감을 주는 교사가 되기 바란다면, 학생들을 충동하는 점, 욕구와 경향성이 특정 시점에서 가장 강한 점, 발달단계에 적합한 학습 환경의 구성 방법 등을 이해할 필요가 있다.

도덕적 발달단계

로렌스 콜버그(Lawrence Kohlberg)의 이론은 도덕적 추론의 발달과 관련된 것으로써, 심리학의 중요한 부분에 속한다. 콜버그는 모든 사람들은 도덕 발달 단계를 경험한다고 주장한다. 토마스 닉코나(Thomas Lickona, 1983)는 콜버그 이론을 기초로 자기 이론을 구축했다. 영감을 주는 교사는 닉코나의 연구가 두 가지 이유에서 유용한 사실을 알고 있다.

첫째, 닉코나의 연구는 다양한 연령과 발달단계에 따라서 학생들이 나타내 보이는 일반적인 행동의 단면을 제공한다. 영감을 주는 교사는 발달단계에서 기대되는 행동과 그 행동이 특별한 관심이나 간섭을 정당화하는지를 알아야 한다. 둘째, 그것은 아동들이 도덕적 추론의 발달단계를 향해 점진적으로 이행하는 방법을 제시한다. 나는 결코 아동들을 정상적 발달 과정으로 진입하도록 재촉해야 한다고 주장하지 않는다. 데이비드 엘킨드(David Elkind. 1981, 1984, 1987)는 아동을 재촉하는 위험성에 대해 광범위하면서도 감동적인 책을 썼다.

1단계: 보육원과 유치원 시기

일반적으로 보육원과 유치원 단계는 4살 반~5살 반 사이를 말한다(이 단계에 앞서는 단계가 있으나, 그것은 이 책의 범위 밖이다). 벅과 마찬가지로, 닉코나도 연령 범위는 오직 대략적인 기준선인 점을 강조했다. 근사치임에도 불구하고, 기준선은 영감을 주는 교사가 일정한 연령과 발달단계에 속해 있는 대규모 학생 집단의 일반적인 행동을 파악할 때 유용하다.

이 단계에 속한 아동들은 순종과 협력적인 행동의 특성을 나타낸다. 아동들의 도덕적 추론은 오직 한 가지 관점, 즉 성인의 관점만이 효과적이라는 믿음에 따른다. 이 단계의 아동들이 다소 원초적으로 생각한다고 해서 놀랄 일은 아니다. 그들의 순응적인 행동은 단순히 벌을 받지 않기 위해서 복종한다는 전제에 따른 간단한 결과일 뿐이다. 그들은 성인들은 모든 것을 알고 있어서 나쁜 행동을 곧 알아차릴 것으로 믿기 때문에, 복종하는 경향이 강하다. 이 단계의 아동들은 고자질을 자주 한다. 그들은 규칙은 반드시 지켜야 한다고 믿지만, 아직 규칙을 내면화하지 않은 상태이기 때문에, 성인들이 없거나 벌의 위협이 사라지면, 가끔 규칙을 위반한다. 교사가 이 단계의 아동들에게 왜 규칙에 따라야 하는지 이유를 물으면, 그들은 벌을 피해야 할 필요성을 말할 것이다. 일반적으로 이런 인식은 거의 벌을 경험한 적이 없으며, 강제 장치를 최소화하는 환경에서 양육된 아동들에게조차 사실로 나타난다.

어린 아동의 도덕적 추론은 외적 통제 심리학의 접근 방법을 수정할 가능성을 시사한다. 아동은 외부 지향적인 벌의 두려움 때문에 규칙에 따른다. 그들은 여전히 규칙을 내면화해야 한다. 어떤 사람들은 이런 행동은 사람들의 동기가 내적이 아닌 외적으로 부여된 사실을 시사한다고 주장한다. 교사는 인간의 동기와 행동을 혼동해서는 안 된다. 이 단계의 아동들은 그들의 좋은 세계의 그림이 복종, 순응, 성인을 즐겁게 하는 것으로 그려졌기 때문에 동기는 내적으로 부여된 것이다. 영감을 주는 교사의 업무 중 한 가지는 아동들이 매우 복합적인 좋은 세계의 그림을 그리도록 돕는 일이다. 영감을 주는 교사는 이 목적을 위해서 사람들이 정해 놓은 규칙의 가치를 아동들이 인식하도록 안내한다.

영감을 주는 교사는 아동들이 도덕적 추론의 다음 단계로 편안하게 이행하도록 하기 위해서 그가 할 수 있는 모든 노력을 다한다. 콜버그는 사람에게는 이해력이 있기 때문에, 현재 자신이 속한 수준보다 더 높은 수준의 도덕적 논쟁을 거치게 되면 이익을 얻는 사실을 믿는다(Lickona 1983). 하지만 개인이 소속된 집단의 사고 수준이 너무 복잡하면 이해가 불가능하기 때문에, 수준이 높다고 해서 반드시 가치 있는 것은 아니다.

영아에서 유아까지의 도덕적 추론에 이어지는 단계에서는 공평성의 중요성을 강조한다. 아동들이 이 단계로 편안하게 이행하기 위해서, 교사는 불친절한 말과 무리한 주먹세례를 받으면 사람들의 마음이 어떨지 상상해보고, 공감하는 능력을 발달시키기 시작해야 한다. 이 단계에 속한 아동들에게는 개념을 구체화 시키는 것이 중요하다. 예를 들어 “우리 반의 모든 친구들을 공평하게 대할 것입니다” 라는 말처럼 추상적 개념에 대한 호소는 대부분의 아동들에게 전혀 가치가 없다.

그 대신 아동들에게 "우리 반 친구들이 공평한 대우를 받으려면, 어떻게 행동해야 하겠습니까?" 라고 묻는 것이 효과적이다. 이 방식은 추상적 개념인 공평성을 어린 아이들이 이해할 수 있는 구체적인 개념으로 전환시킨다.

영감을 주는 교사는 가장 수준 낮은 도덕적 추론에 호소하는 말을 가까이 하지 않는다. "나는 우리 반에서 저런 식으로 행동하는 녀석이 결코 한 녀석도 발견되지 않기 바란다!" 라고 말하는 교사는 가장 수준 낮은 도덕적 추론에 호소하고 있다: 벌을 피하기 위한 복종. 정말 그 말 속에는 발견되지 않는 것이 무엇인지 명확하게 드러나지 않는다.

어린 아이들은 아직 "왜" 라는 말을 이해할 능력이 없다. 예를 들어, 왜 도둑질이 나쁜 것인지 그들은 그 이유를 이해하기 어려운 것이다. 이는 발달 면에서 보면, 지극히 정상적이다. 그렇다고 해서, 이런 무지 때문에 도둑질하는 행동을 용서하거나 도둑질은 나쁜 행동이라는 사실을 어린 아이에게 도덕적 권위를 사용해서 구체적으로 가르칠 수 없다는 뜻은 아니다. 물론 영감을 주는 교사가 도덕적 권위의 위치에서 특정 문제에 접근하기 위해서는 아동들과 긍정적인 관계를 발전시켜야 할 것이다. 그러나 아직 아동들이 그런 관점이 갖는 타당한 이유를 이해할 수 없을 때, 교사는 진실하게 행동하고, 가르친 것의 모범이 되어, 그렇게 행동할 것을 정당하게 요구할 권리를 확보해야 한다.

2단계: 초등학교 저학년 시기

대부분의 아동들이 7~8살이 될 무렵이면 2단계로 이행한다. 릭코나는 2단계는 오래 동안 계속된다고 말한다. 아동들은 더욱 향상된 추론 방법을 계속적으로 발전시켜 나가지만, 2단계의 경향성, 즉 아동기와 청소년기 동안에 강하게 나타나는 규칙성에 의존한다. 이는 유년과 청소년 시기에 걸쳐 계속된다. 릭코나(1983, 134)는 "2단계는 소멸하지 않고 대부분의 성인기 속에서 생존한다" 고 주장한다.

2단계에 들어서면 1단계의 순응적이며 규칙 복종적인 아동은 자유, 독립, 개성의 욕구에 더욱 이끌리는 아동으로 바뀌게 된다. 특히 어린 소년들은 사회에서 중요하게 여기는 행동방식을 잘 모르기 때문에, 독립하는 방향으로 나아가려는 욕구는 일반적으로 반사회적 행동을 수반하게 된다. 이런 아동들을 가르치는 영감을 주는 교사는 부분적인 성공을 거두게 된다. 왜냐하면, 그는 이 단계에서 시작되는 발달 과정을 잘 알 뿐 아니라, 아동들의 제한적인 행동방식을 이해하기 때문이다. 영감을 주는 교사는 도전적인 단계의 아동들을 가르칠 때면 언제나, 모든 행동은 유목적적이며, 어린 아이를 포함하여, 모든 사람은 자기가 할 수 있는 한, 최선을 다 하는 사실을 기억하여 위안을 얻는다. 영감을 주는 교사는 아동들이 시도하는 행동을 알고, 그것을 책임감 있는 행동으로 발달시킴으로써 자신의 목표를 달성하도록 지원한다.

일반적으로 1단계의 아동은 한 가지 이상의 관점을 이해할 수 없으나, 2단계의 아동은 사람은 모두 개인적 관점을 갖는다는 입장을 이해한다. 결국, 그들은 사람은 자기가 원하는 일을 하기 때문에, "나에게 득이 되는 것이 무엇인가?" 라는 질문을 수용할 수 있다고 믿는다. 이 단계의 아동은 요구하는 것이 많고, 자기중심적이다. 그들은 여러 가지 면에서 자신을 성인과 대등하게 보기 때문에, 자기 권리를 주장하기 시작한다. 그들은 자기를 "지배하려는 것"으로 보이면 어떤 것에도 저항하는 경향이 있다.

2단계 학생들의 주요한 관심은 공평성(fairness)이다. 2단계 사상가들(thinkers)은 어릴 뿐 아니라, 구체적으로 사고하기 때문에, 공평성을 모든 사람들이 동등한 대우를 받는 것으로 규정한다. 그들은 완전한 거간꾼들(dealmakers)이다. "네가 나에게 잘 대해주면, 나도 너에게 잘 대해 줄 것이다." 라는 말은 그들에게 완벽하게 들어맞는다. 잘 대해준다는 그 자체는 중요하지 않다. 관계는 상호적이어야 하기 때문에 그것이 중요할 뿐이다. 물론 2단계 사상가들에게는 반대의 경우도 동일하게 적용된다: "네가 나에게 잘 대해주지 않으면, 오직 내가 너에게 잘 대해주지 않는 것만이 공평하다."

특히 공평성은 이질적인 학생이 많은 교실에서 학생들을 가르치는 교사에게 중요한 문제이다. 영감을 주는 교사는 2단계 사상가들의 공평성에 대한 요구를 존중하는 한편, 매우 상이한 능력을 지닌 학생들의 다양한 욕구를 만족시킬 수 있는 방법을 찾는다. 그 일은 쉽지 않으나, 영감을 주는 교사는 수 년 동안 그 일을 성공적으로 수행해 왔다. 나는 이런 도전을 극복하는 "좋은" 방법을 말할 수 없지만, 추진하는 방법에 대해서 몇 가지 생각을 제안을 할 것이다.

영감을 주는 교사는 2단계 사상가들이 공평성을 평등으로 인식하여 이 개념을 매우 중요하게 여기는 점을 이해할 필요가 있다. 학생들이 자신의 발달 수준에 관심을 갖고 그것을 중요하게 여기게 하려면, 공평성에 대해 공개적으로 말하라. 학생들에게 공평성이 갖는 중요한 사실을 설명하면, 교사는 공통된 좋은 세계의 비전을 창조할 수 있다. 간단하게 선언하는 것만으로도, 학생들과 긍정적인 관계를 형성하는데 충분한 도움이 될 수 있다.

이어서 교사는 2단계 사상가들이 의미하는 공평성의 개념을 확대・발전시켜야 한다. 매사추세츠 샌드위치 리버비우(Sandwich Riverview)학교의 교장인 릭 라보이(Rick Lavoie)는 "이는 얼마나 어려워 질 수 있는가?(How Difficult Can This Be?, 1989)" 라는 발제문에서 "공평성은 만인이 동일한 것을 얻는 것이 아니라, 만인이 각각 필요로 하는 것을 얻는 것이다." 라고 말했다.

사람들은 평생 동안 여러 가지 발달단계 사이에서 진퇴를 거듭한다. 릭코나의 언급처럼, 2단계의 관점에 속하는 성인들도 있다. 공평성은 오직 동일한 대우를 의미하는 2단계의 인식을 고수하는 교사들도 있을 수 있다. 이런 인식은 이질적인 학생 집단을 가르치거나 정규 수업시간에 특별한 욕구를 갖는 학생들의 만족을 어렵게 만든다. 이런 교사는 공평성의 정의를 만인이 각각 필요로 하는 것을 얻는 것으로 확대하여 이해하면, 더욱 성공할 수 있다.

2단계의 학생들은 매우 독단적이며 성인에 대한 두려움이 적기 때문에, 눈 하나 깜박이지 않고 비행을 저지를 수 있다. 그런 행동은 발달상 기대되는 것으로써 당연히 예측이 가능하다. 좁은 의미의 공평성에 집착하게 되면, 학생들은 더욱 대결 상태로 빠져들게 된다. 왜냐하면 먼저 상당한 원금(payback)을 면제해 주지 않으면, 그들의 부정적 감정을 가라앉힐 수 없기 때문이다. 물론, 교사는 학생들과 상호 불쾌하게 지내는 생활을 허용하지 않을 것이다. 그들은 오직 자기 행동만 통제할 수 있는 사실을 이해하기 때문에, 부적절하거나, 종종 악의에 찬 학생들과 대면할 경우, 이런 질문을 한다: "이 학생들로 하여금 이 발달단계와 성공적인 협상을 할 수 있도록 돕기 위해서 내가 할 수 있는 일은 무엇인가? 내가 학생들은 물론 그들의 행동을 이해할 수 있는 가장 효과적인 방법은 무엇인가? 이 학생들이 사회적으로 적절할 뿐 아니라 존중받는 방향으로 성장하도록 돕기 위해서 내가 그들에게 해줄 말과 그들과 함께 할 수 있는 일은 무엇인가? 어떤 결과가 있겠지만, 교사는 "결과"에 편승하기보다 자연적인 발달 과정을 존중하면서, 학생들을 지원하는데 중점을 두어야 한다.

심술궂은 행동을 다스리는 또 다른 방법은 학생들의 공평성에 호소하는 것이다. 공평성은 2단계 사상가들의 좋은 세계의 핵심이기 때문에 공평성의 호소는 적어도 환영을 받을 수 있다. 공평성의 호소는 오직 교사에게만 통하기 때문에,

2단계 사상가들이 도움이 되지 않는 쪽에서 공평성의 개념을 들고 나올 수 있다. 그럴 경우 교사는 사랑은 공평성보다 훨씬 더 중요한 가치를 갖는 점을 강조하여 그들이 더욱 성장하도록 점잖게 안내한다. 이런 개념을 동원하여 학생들의 마음을 움직이기 위해서는 두 가지 조건이 필요하다. 첫째, 교사는 학생들과 튼튼한 관계를 유지할 필요가 있다. 결국 교사는 학생들에게 발달 과정상 가장 저항하기 어려운 자기 가치를 초월할 것을 요구하고 있는 셈이다. 긍정적인 관계의 유익이 없다면, 교사는 학생들의 현재 입장을 초월하도록 요구할 어떤 타당한 이유도 없을 것이다. 둘째, 교사는 공평성보다 사랑을 더욱 가치 있게 여기는 모범적 태도를 보여 주어야 한다. 교사는 전통적으로 공평성을 더욱 중요시 하는 경향이 강하다. 교사가 학생들에게 또 다른 가치(사랑)에 충성할 것을 요구하게 되면, 학생들은 사랑은 공평성보다 더 소중하다고 교사가 말한 것처럼 실제로 행동하는지 재빨리 평가하려 들 것이다. 교사에 대한 학생들의 관찰 결과는 성장하라는 교사의 권유를 학생들이 얼마나 진지하게 생각할 것인지 결정하는데 크게 유용하다.

3단계: 초등학교 중간시기와 그 이후

도덕적 추론의 내재적인 복잡성으로 인해서 3단계에서는 여러 가지 흥미로운 점이 나타낸다. 일부 학생들은 초등학교 중간 시기에 이 단계로 이행하기 시작하나, 나머지 학생들은 한참 시간이 지난 뒤에야 이행한다. 타인을 즐겁게 하려는 특성은 3단계에서 나타낸다. 이 단계가 나타나는 시기에 따라서, 3단계의 도덕적 추론 방법은 환영받는 변화이거나 정말 또 다른 악몽일 수 있다.

일반적으로 3단계는 청소년기 이전에 도달하지만, 경우에 따라서 청소년기 초기에 도달할 수도 있다. 만약 학생들이 청소년기 이전에 3단계의 정향(orientation)으로 이행하기 시작하면, 성인들은 항상 매우 황홀해 할 것이다. 학생들은 복종으로 귀환하는데, 이는 기대에 순응하여 기쁘게 하려는 욕구이다. 이런 학생들을 학교에서 관리하기는 더욱 용이하게 된다. 하지만 학생들이 초기 청소년기 무렵에 3단계로 이행하게 되면, 그 징후는 전혀 다르게 나타난다. 즐겁게 하려는 욕구는 정말 강렬해지지만, 준거점(reference point)은 부모나 교사가 아닌 또래집단이 된다. 결국 3단계의 청소년들은 홀로 설 수 있는 능력이 부족하다고 할 수 있다. 그들은 무익하며, 어쩌면 위험하기까지 한 방법으로 또래 집단이 가하는 압력의 먹이로 희생될 수 있다.

3단계 사상가들은 타인이 그들을 어떻게 바라보는지에 관심을 갖는다. 오직 그들은 인정을 받기 위해 부지런히 노력한다. 이렇게 설명하면, 외적 통제 심리학을 지지하는 것처럼 들리겠지만, 타인에게서 긍정적으로 인정받고 싶은 욕구는 3단계 사상가들의 좋은 세계에 속한다. 그러므로 그들은 매우 높은 내적 동기를 유지한다.

3단계 사상가들의 가장 매력적인 특징 중 하나는 사물을 객관적인 관점에서 바라보는 능력이다. 그들은 타인이 그들에 대해 갖는 인식에 중점을 두기 때문에, 특히 타인이 그들에 대해서 어떻게 느끼는지를 알아내는데 능숙하다. 결과적으로 그들은 특별히 공감적이며 관대하다. 그들은 공평성의 좁은 이해를 넘어 더 유연하고 창조적인 능력을 개발한다. 3단계 사상가들은 교사가 학생들에 대해 상이한 기대군을 가지고 개별 평가를 실시하게 되면, 더욱 편안하게 느낀다.

영감을 주는 교사는 협력하려는 3단계 사상가들의 욕망을 정중하게 이용한다. 그들은 학생들의 내적 동기에 호소하기 위해서 "여러분은 정직하고, 근면하며, 책임감 있는 누군가로 알려지고 싶습니까?" 라고 질문한다. 영감을 주는 교사는 권력을 사용하고 결과에 편승하는 대신, 협력적인 방법으로 학생들과 문제해결을 위해 노력한다. 3단계 사상가들은 이런 방법을 이해하는 능력이 두드러진다. 발달상으로 보아, 이 단계에 속한 학생들이 협력하여 일하기를 좋아하기 때문에 문제 해결 방법은 청소년기에 적합한 과업이라고 할 수 있다.

청소년기 동안, 학생들이 충분한 독립을 원하는 것은 매우 자연스런 일이다. 영감을 주는 교사는 인간의 유전자 속에 기록된 발달상의 특성과 다투지 않는다. 그들은 학업 면에서 교실이 생산적이 되도록 하기 위해서 성인의 권위는 어느 정도 필요한 점을 이해한다. 그들은 학생들을 합리적이며 지원할 가치가 있는 존재로 인정해주는 튼튼한 구조를 구축하고, 그런 환경 속에서 상당한 자유를 허용한다.

4단계: 청소년기와 성인기

4단계는 사상 면에서 중요한 변화를 나타내는 시기이다. 이는 3단계의 엄격한 개인적 관계에서 전체 사회 체제의 관계를 강조하는 사상(thinking)의 변화를 의미한다. 3단계 사상가들은 개인적인 관계를 유지하여 인정을 받으려는 욕구 때문에, 또래집단의 압력에 쉽게 굴복하지만, 4단계의 사상가들의 관심은 우리 학급, 우리 학교, 우리 집단, 우리 사회의 훌륭한 성원이 되는 것에 집중되어 있다. 따라서 학생들은 개인적인 관계를 넘어서 사회적인 관계의 영역으로 진입할 준비를 갖추게 된다. 이는 학생들이 사회계약을 맺을 수 있는 단계에 도달한 점을 의미한다. 3단계 사상가들은 또래집단에게서 인정받기 위해서 행동하는 경향이 있기 때문에, 순응자가 될 가능성이 더욱 높지만, 4단계 사상가들은 자신이 속한 체제에서 책임있게 행동하는 일에 더 많은 투자를 한다. 4단계를 이끄는 주요한 사상은 민주주의 국가의 핵심을 이룬다. 이 사상은 더 큰 사회의 공동선을 위해서 사람들로 하여금 개인적 욕망을 포기할 것을 요구한다. 이 단계에 속한 학생들은 단순한 독립을 넘어 상호 의존성을 지향할 능력을 개발한다.

4단계의 사상가들에게 일어나는 또 다른 변화는 자신들의 행동이 많은 사람들에게 영향을 줄 가능성을 스스로 인식하는 능력이다. 도덕적 추론의 초기 단계에 속하는 학생들은 비록 부분적으로는 알지라도, 전체에서 자신의 개인행동이 얼마나 많은 부분을 차지하는지, 그리고 얼마나 광범위한 분파가 있는지 잘 알지 못하기 때문에 덜 민감하게 행동한다. 그러나 4단계 사상가들은 자신과 아무런 개인적인 관계가 없는 사람들일지라도, 그들이 같은 사회체제의 일원이면, 그들을 위해서 마음에서 우러나오는 감정과 열정을 불러일으킬 수 있다.

4단계 사상가들은 비협력적인 방식으로 행동할 가능성이 있으나, 협력의 필요성은 소중히 여긴다. 영감을 주는 교사는 사회 공동선의 핵심인 협력의 중요성을 4단계 사상가들의 신념에 호소한다. 학생들이 4단계에 도달하게 되면, 사회체계의 기능적 성원이 되는 것을 충분히 이해한다. 끝으로 4단계 사상가들에게는 자기 결정의 근거로 삼을 수 있는 신념체제가 필요하다.

사회체제와 기업이 성공적으로 번창하는 데는 4단계의 사상이 크게 기여했다. 미국은 바로 4단계의 도덕적 추론 위에 건설된 국가이다. 헌법은 인간행동의 측정・평가에 반대하는 신념체제의 수호자 역할을 해왔다. 비록 개인으로 구성된 국가에 살고 있을지라도, 누구도 헌법에서 비롯된 법과 원칙 위에 설 수 없는 국가라는 사실을 믿는다. 수많은 기업이나 학교도 유사한 경영방식을 지향한다. 의무 선언(mission statement)과 신념 선언(belief statement)은 사람들의 행동을 고려・평가・수용하는 근거가 된다.

특정 단계에서 나타나는 일반적인 행동을 보이기 시작하면서부터 도덕적 추론의 연속선을 따라 멀리 나아갈수록, 학생들은 더 많은 것과 대면하기 때문에, 비슷해지기는 더욱 어렵게 될 것이다. 많은 학생들은 물론 성인들도 결코 3단계의 정향(orientation)을 넘지 못하는 경우가 많다. 그러나 좋은 환경을 제공하면, 4단계의 정향으로 나가기 시작하는 10대들이 증가한다. 상당수 학생들은 중학교 시절에 이런 도덕적 추론의 징후를 보이기 시작한다. 영감을 주는 교사는 학생들의 가정을 통제할 능력은 없다. 그러나 그들은 학생들의 도덕적 추론 능력을 원조·향상시킬 수 있는 학교와 교실환경을 창조할 능력은 가지고 있다.

영감을 주는 교사는 여러 가지 방법을 사용하여 학생들을 4단계의 도덕적 추론으로 안내한다. 그들은 세계는 넓고 사람들은 더욱 상호 의존적이라는 사실을 학생들이 깨닫도록 지도한다. 학생들이 세계에 대한 정보를 많이 획득할수록, 그들은 더 민감해지고, 더 깊이 알게 되기 때문에 자기 주변의 것들을 더욱 바르게 인식하게 된다. 또한 영감을 주는 교사는 학생들이 개인과 더 큰 체제(집단, 교실, 학교, 지역사회)간의 관계에 대해 생각할 수 있는 기회를 주기 위해서, 정례적인 토론을 촉진하여 사회와 도덕적 쟁점을 다룬다. 이런 토론은 책임감 있는 사람이 되는 의미를 자연스럽게 되새기게 만든다. 영감을 주는 교사는 학생들이 자기 결론에 도달하여 책임감을 발달시키는 방법을 좋아하기 때문에, 학생들에게 그들이 "반드시" 수행해야 할 것에 대해 말하거나 도덕화하지 않는다.

5단계는 최고의 도덕적 추론 단계로써 어떤 사람도 결코 인간의 도덕적 책임을 포기해서는 안 된다는 사상에 기초한다. 이 관점에 속하거나 정상적으로 이 단계에 도달한 사람은 거의 없을 뿐 아니라, 20대나 그 이상이 되어도 이 단계의 목적을 달성하기는 거의 불가능하기 때문에 나는 더 이상 이에 대해 언급하지 않을 것이다. 리코나(1983)는 도덕적 추론의 5단계에 관한 정확한 정보는 물론 양육 과정에서 이 개념을 적용하는 방법을 제시하고 있다.

도덕적 추론의 발달은 매우 중요한 영역임에도 불구하고, 교육 영역에서 간과되는 경향이 많다. 영감을 주는 교사는 학생들이 사회와 세계에 공헌하는 바람직한 사람이 되도록 원조하기 위해서 열심히 일한다. 공부를 가르치는 것은 필수지만, 그것만으로 충분하지 않다. 교육자로서 교사의 사명은 학생들을 학문과 사회적 능력을 두루 갖추도록 준비시켜, 민주주의 사회의 시민으로서 지위를 누리게 하는 데 있다. 학생들의 발달을 향상시키는 도덕적 추론의 단계와 발달 전략에 대한 이해는 영감을 주는 교사에게 필수불가결한 도구이다.

인지발달 단계

사람들이 인지발달에 대해 알고 있는 대부분의 지식은 스위스의 심리학자인 진 피아제(Jean Piaget)의 은혜를 입고 있다. 그 밖에 많은 사람들도 피아제 이론의 기초를 닦는데 중요한 공헌을 했으나, 피아제는 역시 인지 연구 분야에서 독보적인 인물로 남아 있다. 아동의 인지발달을 이해하는데 피아제가 남긴 가장 큰 공헌을 간단하게 말하면 "아동은 성인과 달리 사고한다"는 것이다.

1950년대에 피아제 이론이 큰 관심을 얻기 전까지는 일반적으로 아동은 성인보다 적은 지식을 가지고 있지만 정보는 동일한 방법으로 처리하는 것으로 생각해 왔다. 피아제의 이론은 선택이론의 교수 방법 뿐 아니라, 인간은 자신의 과거 경험에 현재의 지식을 사용하여 능동적으로 의미를 구성한다는 주장을 지지한다. 어린 아이는 성인과 다른 경험을 갖기 때문에 정보를 상이하게 처리할 뿐 아니라, 동일한 정보를 투입을 할 경우에도 상이한 의미를 구성한다.

아동이 성인과 상이하게 정보를 처리하여 의미를 구성하는 사실은 구어(spoken language)의 한계를 강조한다. 성인들은 아동과 동일한 언어를 사용하는 것처럼 보이지만, 종종 다른 방식으로 전달하여 이해한다. 언어를 통한 의사전달은 항상 위험성이 높은 방법이다. 아동과 성인간의 언어를 통한 의사전달은 많은 오해의 가능성이 있다. 영감을 주는 교사는 학생들에게 분명한 의사전달을 하려고 한다. 그러나 의사전달에서 오류가 발생하면, 비난을 받아야 할 사람은 아동이 아닌 교사 자신인 점을 인정한다.

잘 알려져 있다시피, 피아제는 4단계 인지발달의 모형을 개발했다(Biehler 1981). 다른 연구자와 마찬가지로, 그는 자신이 단계별로 구분한 연령 범위는 단순한 기준선인 점을 강조한다. 하지만 인지발달 순서는 예측이 가능하며, 아동들은 전진이나 후진하면서 각 단계 사이를 표류한다.

피아제가 주장한 4단계 인지발달 중 1단계는 감각 운동기(sensorimotor stage)로써, 생후 처음 2년 동안에 나타난다. 2단계는 전조작기(preoperational stage)로써, 교사가 직접적인 관심을 갖는 단계이다. 이 시기는 약 2∼7살까지의 아동들이 경험하는 일반적 특성을 나타낸다. 전조작기 단계에 나타나는 중요한 인지과업은 상징의 완전한 이해이다. 이는 이 기간 동안에 특별히 언어가 매우 빠르게 발달하는 이유를 잘 설명한다. 이 단계에 속한 아동의 두드러진 특성은 문제를 해결할 경우, 오직 한 가지 요인에 관심을 집중하려는 경향성이다. 예를 들어, 같은 양의 물이 들어있지만 높이가 다른 2개의 용기를 관찰한 아동은 높이가 더 높은 용기에 더 많은 물이 들었다고 주장한다.

7살 정도의 아동은 종종 인지발달의 구체적 조작 단계(concrete operational stage)로 이행하는데, 대부분 초기 소년기까지 계속한다. 이 단계의 아동들은 효과적인 학습을 위해서, 대상을 물리적으로 조종하거나, 그것을 직접적·구체적으로 경험할 필요가 있다. 이런 상황에서, 아동들은 전조작기에서는 불가능했던 가역적 사고가 가능해진다. 구체적 조작기의 사고자들은 가설 상황에 당황하면서 추상적 관념과 씨름한다. 예를 들면, 매우 시각적인 교과의 영역인 기하학을 공부할 경우, 아동들에게 특히 실제 모형(tangible model)을 만들 기회를 주게 되면, 훌륭하게 해낸다. 그러나 동기가 높고 학업 면에서 우수한 학생일지라도, 교사가 추상적인 교과를 구체적인 것으로 전환시켜 주지 않으면 대수학(algebra)에서 큰 어려움을 겪게 된다.

12살이 시작되면, 많은 학생들은 형식적 조작기의 사고(formal operational thinking)를 나타내기 시작한다. 이는 피아제가 가정한 가장 복합적인 사고의 행동 특성을 말한다. 중학생과 심지어 고등학생들은 구체적 조작기와 형식적 조작기의 사고 사이에서 진퇴를 거듭하는 경우가 있다. 그들의 별난 행동과 어리석은 짓은 일부 성인들을 실망시킬 수 있으나, 영감을 주는 교사는 그것을 인간발달에 나타나는 일반적 특성으로 이해한다.

형식적 조작기의 사고는 일반화, 추상적 사고의 조작, 지적 가설의 개발 및 검증이라는 능력의 특성을 나타낸다. 영감을 주는 교사는 아직 더욱 구체적인 지도가 필요한 일부 학생들을 존중하는 한편, 학생들로 하여금 추상적 사고를 성공적으로 다루는 능력을 개발하도록 돕는다.

영감을 주는 교사는 상이한 인지발달 단계에 속한 학생들에게 도전과 기회를 제공하는 환경을 구축한다. 교육 분야에서 피아제는 상이한 발달단계의 아동이 정보를 취득하여 이해하는 방법을 밝혀내는 데 기여했다. 피아제의 모형에는 특별 교육과정이나 가르치는 내용의 제한 등과 관련된 주장은 아무 것도 없다. 영감을 주는 교사는 피아제의 연구를 적용하기 때문에, 학생들의 잠재적인 지적 능력 못지않게 수업 내용의 전달방법을 중요하게 생각한다. 지능이 우수한 학생이 자신의 인지 발달 수준에 맞지 않는 수업 방법으로 학습한다면, 지능은 덜 우수하지만, 적절한 수업 방법으로 학습하는 학생만큼 진보하지 않을 것이다.

사회 심리적 발달단계

에릭 에릭슨(Erik Erikson)은 사회 심리적 발달 모형을 개발했다(Biehler 1981). 에릭슨의 발달 모형은 취학 전과 고등학교 이후 시기까지를 포함하여 8단계로 구성되어 있으나, 나는 여기서 오직 2단계만 설명할 것이다 : 근면성 대 열등감(industry vs inferiority), 자아정체성 대 역할 혼돈(identity vs role confusion).

에릭슨이 주장하는 근면성 대 열등감은 대략 6~11살 사이의 아동들이 경험하는 단계이다. 초등학교 시기의 발달과업은 근면성이다. 이 발달과업을 달성하지 못한 아동들은 그 대가로 열등감을 발달시키게 되어 만성적인 실패자로 전락할 가능성이 있다.

근면성 대 열등감의 단계에서 주요한 관심은 권능감의 욕구다. 특히 학교는 이 단계에서 매우 중요한 역할을 한다. 이는 교실이 아동들이 책임감을 갖고 성장과 향상의 수단을 동원하여 권력 욕구를 만족시킬 수 있는 각축장이 되기 때문이다. 영감을 주는 교사는 학생들로 하여금 자기 능력을 보여주고, 능력을 숙달시키도록 촉진하여, 근면성을 강화하는 교실을 구축한다. 이는 학생들의 여생에 큰 재산이 된다. 초등학교 시기에 학업성취(academic success)를 경험하지 못한 학생들은 중등학교 시기에서도 거의 그런 경험을 하지 못하는 일이 많다. 초등학교 시기에 부지런히 공부하여 능력을 발달시킴으로써, 높은 학업성취를 경험한 학생들은 중등학교에서 제공하는 도전에 대응할 준비가 더 잘 되어 있을 것이다.

자아정체성 대 역할 혼돈은 12~18살까지의 학생들이 경험하는 단계이다. 청소년기의 중심 과업은 안정된 자아정체성의 형성이다. 각 개인이 확립하는 자아정체성은 시간이 지나면서 일어나는 모든 신체적 변화에도 불구하고, 인간을 독특하면서도 사회적으로 인정받는 존재로 만든다. 만약 안정적인 자아정체감을 확립하지 못하게 되면, 학생들은 자신이 누구인지 모르기 때문에, 계속적으로 자기 자신을 재발견할 수밖에 없게 되어 결국 키 없는 배와 같은 인생을 살아가게 된다.

이 단계에 진입하는 학생들에게 나타나는 첫 징후는 미숙한 예비 자아정체성의 확립이다. 예전에 학생들은 부모와 동일시하여 많은 성인의 가치를 수용해 왔다. 이제 그들은 일반적인 면에서는 성인과, 특별한 면에서는 부모와 자신을 구별해야 할 처지에 놓여 있다. 학생들은 종종 부모의 정체성과 정반대인 자아정체성을 채택하는 경우가 많다. 본질적으로, 학생들은 부모가 소중히 여기는 것이면 모두 낮게 평가하려 한다. 흔히 청소년의 반항으로 인식되는 것은 일종의 차별화를 시도하는 것으로써, 독립과정이 시작되는 신호탄으로 볼 수 있다. 이는 자아정체성의 형성이 최고점에 달하는 시기이다. 초기 청소년기는 행동방식의 종류가 한정되어 있기 때문에, 흔히 그들은 정반대의 것에 관심을 집중한다: "나는 내가 되려는 것이 무엇인지, 내가 되려는 사람이 누구인지 정확하게 확신하지 못한다. 그러나 나는 내 부모와 똑같이 되기를 원하지 않는 점은 안다. 그러므로 나는 의상과 음악에서부터 정치와 종교사상에 이르기까지, 내 부모를 상징하는 모든 것들을 배척하고, 정반대의 것을 수용할 것이다."

초기 단계의 청소년들은 극단적인 태도를 취하여 그들이 바라는 독립을 쟁취하는 경우가 많다. 아동들이 부모와 긴밀하게 지내면서, 부모의 가치를 맹목적으로 수용했던 상황과는 달리, 이 과정은 특별히 어렵고 힘들기 때문에, 흔히 "부정적 자아정체성(native identity)"을 수용하는 결과를 초래한다. 이는 앞에서 말한 것과 완전히 정반대인 일시적 자아정체성일 뿐이다.

영감을 주는 교사는 이런 일시적 자아정체성은 정체성을 형성하는 초기 단계의 학생들에게 많이 나타나는 것으로써, 지극히 정상적인 사실인 점을 분명하게 인식한다. 자아정체성의 형성 과정에서, 부정적 자아정체성은 전혀 정체성을 형성하지 않은 것보다 더욱 바람직하다. 에릭슨은 청소년들이 이 중요한 발달단계를 경험할 시기에, 성인들이 지나치게 빨리, 지나치게 냉혹하게 청소년을 판단하지 말 것을 요구한다. 에릭슨의 말을 빌리면, 성인들이 학생들에게 "일탈자"라는 꼬리표를 붙여 일시적 정체성을 "확정(confirm)"시키면, 학생들이 그 자아정체성을 영원히 유지할 기회를 증가시킬 뿐이다. 중요한 점은 학생들을 그런 행동으로부터 분리시키는 것이다.

불법 약물을 사용하는 한 청소년을 목격했다고 가정해보자. 나는 그런 불안한 현실을 무시하거나, 불행한 결과가 없을 것으로는 생각하지 않는다. 영감을 주는 교사는 학생들에게 "약물 중독자"의 꼬리표를 붙이지 않는다. 어떤 사람들은 그런 전략은 혼란을 일으킬 것으로 생각할 것이다. 그들은 "학생이 약물을 사용하면, 약물 중독자이지, 왜 아닌가?" 라고 반박할 것이다. 물론 그렇다. 하지만 그런 꼬리표를 붙인들 무슨 소용이 있는 것은 아니다. 성인들이 청소년들의 행동에 꼬리표를 붙인다면, 그 위험의 가능성은 실로 엄청날 것이다. 이는 필연적으로 청소년들에게 청소년기의 중요한 발달과업을 회피하는 길을 열어 주게 된다. 진정한 자아정체성을 형성하려고 힘든 투쟁을 하는 대신, 학생들은 거의 아무런 노력도 하지 않은 채, 미리 포장된 "약물 중독자"의 자아정체성을 진실로 받아들일 것이다. 어떤 자아정체성을 갖든지, 그 정체성은 청소년들에게 매우 강한 매력을 갖는다. 그러기 때문에, 그들은 오직 같은 방식의 행동을 계속할 수밖에 없게 되어 결국 그들의 발달상 투쟁은 그것으로 끝나고 말 것이다. 이렇게 되면, 그는 더 이상 나는 누구인가? 나에게 중요한 것은 무엇인가? 내 진정한 가치는 무엇인가? 등 항상 많은 청소년들을 괴롭히는 그런 질문과 대결하지 않아도 될 것이다. 만일 약물 중독자로 알려지게 되면 "되고자(becoming)" 하는 투쟁은 곧 사라지게 될 것이다.

청소년들은 난폭한 행동을 할 수 있으며, 그 중 일부는 매우 치명적일 수 있다. 이런 행동은 반드시 대처할 필요가 있다. 그러나 결코 부정적 자아정체성을 확정하지 마라. 청소년기는 되어가는 과정임을 바르게 인식하라. 그들이 궁극적으로 되고자 하는 것, 그들이 혼자서 스스로 조련하는 진정한 자아정체성은 그들이 이런 발달단계로 이행할 때, 성인들이 그들을 대하는 태도와 방식에 따라 영향을 받을 것이다. 그들이 여러 가지 역할과 그에 따르는 행동을 시도할 때, 성인들은 그들이 만들어 지고 있는 작품(works)인 점을 기억하는 것이 중요하다. 성인들은 학생들이 친절하며 책임 있는 의사결정을 하는 시민으로 발전하기를 원한다. 피어스 하워드(Pierce Howard, 1994, 141)는 "20대 청년들이 사회문제와 부모를 이해하는 방식에서 나타내 보이는 경향성은 그들이 더욱 협력적이며, 목표 집중적인성인기로 이행하는 것을 알려 주는 신호이기 때문에, 젊은이들의 이기심과 충동성을 합리적으로 수용해야 한다." 고 주장한다.

고등학교를 졸업할 무렵이 다 되어도 자신의 진정한 자아정체성을 형성할 것으로 보이지 않는 학생들이 대부분이다. 아무리 좋은 환경이라도, 그 과정은 대부분 20대까지 계속된다. 하지만 성인들의 적절한 지원이 따른다면, 많은 청소년들은 독특한 자아정체성의 튼튼한 토대를 형성할 수 있다.

성과 성차

이 장에서 논의된 발달 모형 중 한 가지만 제외하고는 모두 남성 학자들이 주장한 것들이다. 긍정적인 의도에도 불구하고, 남성 학자들은 남성의 관점을 제시하기 쉽기 때문에, 연구에 편견이 있을 수 있다. 캐롤 길리간(Carol Gilligan, 1993)은 광범위한 발달 모형의 대부분은 남성이 제시했으며, 그것을 여성에게 적용할 경우, 발달 과정을 정확하게 반영한 것으로 보기 어렵다고 주장한다. 그러므로 내가 이 장에서 제안하는 것은 단순히 일반적인 기준으로 받아들일 것을 촉구한다. 먼저 유용한 것으로 생각되는 것을 결정하고 나서, 자기 지식을 추가·혼합하여 이 장에 담겨진 내용을 더욱 발전시키기 바란다.

요약

교육자로서 교사가 수행하는 가장 중요한 직무 중 하나는 학생들이 다양한 발달단계를 성공적으로 이행하도록 돕는 일이다. 발달은 다양한 관점에서 논의가 가능하다: 심리학, 도덕적 추론, 인지, 사회 심리학 등. 발달문제를 제대로 이해하지 못하면, 교사는 학생들의 행동을 오해하여, 비생산적일 뿐 아니라, 불필요한 스트레스와 긴장을 수반하는 학습방법으로 학생들을 가르치게 될 것이다. 아동들은 각각 독특한 존재이기 때문에, 완벽하게 들어맞는 어떤 모형도 있을 수 없다. 하지만 이런 정보를 완전하게 숙지한다면, 영감을 주는 교사가 자신들의 직무를 더욱 효과적으로 수행하도록 안내할 것이다.

제 2 부

적용편

제 5 장
학생들에게 영감을 주어라

학생들에게 영감을 주는 학습자 공동체를 구축하기 위해서 교사가 취할 수 있는 방법은 무엇인가? 아무리 완벽한 교실 상황일지라도 도전은 있기 마련이다. 그러나 선택이론과 뇌기반 학습의 원리가 학습자 공동체 구축의 토대가 되면, 교육은 만인에게 흥미롭고 욕구-만족적인 과정이 될 것이다.

교실 공동체의 구축

인간의 상호작용에서 가장 중요한 요인은 관계 자체이다. 교육이 인간관계에 기초하는 과정이 아니라면, 교육이 성립하기는커녕 아무 것도 아닐 것이다. 오직 인간만이 수많은 학습자에게 영감을 줄 능력이 있다. 컴퓨터를 비롯한 다른 기술도 교실 안에서 놀라운 향상을 가져오지만, 기술을 지향하는 어떤 수업도 천부적인 교사가 사용하는 영감적인 방법에 영감을 주는 일은 불가능하다. 이미 특정 교과에 흥미를 갖고 있는 학생이라면, 주로 기술에 의존하는 교수전략을 사용할지라도, 수업은 성공적일 수 있을 것이다. 그러나 흥미를 갖고 있는 학생들의 수가 적은 점을 감안하면, 기술은 영감은커녕 기본적인 것도 가르치기 힘들 것이다.

교사가 힘들게 노력해야만 해결할 수 있는 까다로운 학습과제를 학생들에게 요구했던 상황을 상상해 보자. 학생들에게 과제 자체가 중요했다면, 아마 학습과제의 수행을 요구한 교사와 학생들 간의 관계는 별로 중요하지 않을 것이다. 비록 학생들이 교사에게 특별한 관심을 갖지 않았더라도, 그들은 학습과제를 매우 중요하게 여겼기 때문에, 굉장한 노력을 쏟았을 것이다. 선택이론의 용어로 말하면, 그 학습과제는 학생들의 "좋은 세계" 중 일부였다.

학생들에게 근면성(hardworking)을 요구하는 교사와 학생들 간에 긍정적인 관계가 형성되었다면 어찌되겠는가? 아마 학생들의 학업성취는 크게 향상될 것이다. 학습과제가 조금 불만족스럽더라도, 학생들은 넘치는 자신의 에너지를 당장 학습과제에 사용할 것이다. 더구나 도움이 필요하면, 아주 편안한 마음으로 교사에게 도움을 구할 것이다. 비록 처음에는 학생들이 학습과제를 탐탁하게 여기지 않았을지라도, 관심을 갖는 교사와의 긍정적인 관계로 인해서, 학생들은 수행하도록 요구받는 학습과제가 자신들의 인생에 수월성을 더해 줄 것으로 인식하게 될 것이다.

학습은 발견의 과정이다. 긍정적인 환경이라면, 학생들이 더 많이 배우고, 더 많이 공유하고, 더 새로운 관계를 형성하고, 나아가 흥미로운 발견의 과정을 계속할 것으로 기대할 수 있을 것이다. 간단히 말해서 긍정적인 관계는 학습과정을 방해하거나 실행하는 노력에 부정적인 영향을 주지 않는다. 오직 이는 학습을 향상시킬 뿐이다. 이와 대조적으로, 부정적 환경은 불행한 학습결과를 낳는다. 특히 학습의 목적이 학습의 평생 사랑(lifelong love of learning)에 있다면, 그 폐해는 더욱 클 것이다. 뇌 기반 학습의 연구자들은 위협적인 환경이 초래하는 연구결과를 밝혀냈다(Jenson 1995, 232). 학생들이 위협을 느끼면, 그들의 동기, 생산성, 학업성적 등이 극적으로 하락한다. 위협은 신체적인 것에만 해당하지 않는다. 비꼼, 비판, 조롱 등을 수반하는 심리적 위협도 역시 손상을 입힐 수 있다.

영감을 주는 교사는 관계의 중요성을 알기 때문에, 처음부터 학생들과 긍정적인 관계를 의도적으로 촉진한다. 경우에 따라서, 이런 관계는 교사와 학생이 공식적으로 만나기 전에 형성될 수 있다. 예를 들어, 내 아들이 다니는 학교에는 교사들이 전체 학생들의 이름을 익히는 시간이 정해져 있다. 교사들은 학생들이 어느 학년에 소속하든지 관계없이 그들을 반갑게 맞는다. 이런 노력이 보상하는 이익은 엄청나다. 아동들은 성인들처럼 그들이 중요한 사람처럼 느끼고 인정받으려는 욕구를 가지고 있다. 7학년이나 8학년을 맡은 교사가 훨씬 더 어린 학년인 아동들의 이름을 알고 나서, 실제로 안녕이라는 말을 건넬 기회를 갖게 되면, 아동들은 자신을 매우 중요하게 느낄 것이다. 이런 아동들이 결국 7학년이나 8학년이 되면, 그들이 어떻게 행동할 것으로 생각하는가? 놀랄 일은 아니지만, 일반적으로 학생들은 자기에게 잘 대해주는 성인과는 분쟁을 일으키지 않기 때문에, 그들은 훨씬 덜 파괴적이 될 것이다. 이에 못지않게 중요한 것은 이미 긍정적인 관계가 확립되었으므로, 학생들은 더욱 부지런히 노력한다는 점이다. 학생들을 가르치기도 전에 무계획적으로 학생들과 긍정적인 관계를 형성하여 성과를 얻어 내려는 교사들이 많다. 영감을 주는 교사가 취하는 첫 조치는 계획적으로 학습자 공동체를 구축하는 일이다.

가장 진실한 것은 항상 효과적이며, 이는 학교의 일상적인 맥락에서 발생한다. 하지만 빠른 시간에 학생들과 긍정적인 관계를 형성하기는 쉽지 않다. 예를 들어, 유치원 교사가 아직 유치원에 들어오지 않은 아이들과 유의미한 관계를 형성하기는 불가능할 것이다. 이런 상황은 상급 학교로 이행하는 전환기의 학년을 가르치는 교사에게도 역시 마찬가지이다.

학교에 따라서 공식적인 입학 이전에 학생들과 관계를 형성할 수 있는 유용할 방안을 찾는 교사들이 많다. 일반적인 방법은 예정된 오리엔테이션 기간이나 '진급일(step-up day)'에 학생들이 입학하게 될 새 학교를 방문하도록 초대하는 것이다. 잘 하면, 그런 경험은 신입생들과 긍정적인 관계를 촉진하는 귀중한 첫 만남이 될 수 있다. 그러나 잘못하면, 비생산적이거나 심지어 해가 될 수도 있다. 학생들은 상급 학년으로 진급하는 생각 때문에 위압감, 상처, 두려움을 느끼는 경험을 할 수 있다. 영감을 주는 교사는 이런 가능성을 알기 때문에 학생들이 이런 부정적인 경험을 피할 수 있는 확실한 수단을 보장한다.

지나친 일반화는 위험을 초래할 수 있으나, 나는 부정적인 경험은 중등학교의 오리엔테이션 시간에 자주 일어나는 사실을 강조한다. 종종 오리엔테이션은 긍정적이지만, 고압적인 성인들이 신입생들에게 학교 규칙과 규칙 위반 결과를 설명하는 자리가 될 수 있다. 이런 정보의 전달도 중요하지만, 나는 시기의 적절성과 어조(timing and tone)의 효과성에 의문을 제기한다. 오히려 교직원들은 신입생들과 긍정적인 관계를 맺기 시작할 기회인 점을 명심하여 그런 식으로 학교 평판을 나쁘게 해서는 안 된다. 교직원들은 학생들에게 학교 규칙을 어길 경우에 일어나게 될 결과를 내세워 위협하고 겁을 줄 것이 아니라, 항상 그들과 함께 배우고 생활하기를 기대한다고 말하는 편이 더 유용할 것이다.

새 학기가 시작되기 전에 각 학생들에게 편지를 보내는 일은 많은 교사들이 신입생들과 긍정적인 관계를 형성하기 위해서 사용하는 또 다른 전략이다. 이런 노력은 놀라운 결과를 얻을 수 있으나, 비생산적일 수도 있다. 영감을 주는 교사는 자신의 목적과 좋은 세계의 그림을 기억한다: 학생들을 위협에서 자유롭게 하고 탁월한 학업성취를 달성하기 위해서 학생들과의 관계를 촉진하는 일. 그런 목적을 추구한다면, 교사는 친절하고 열정적인 편지를 쓸 것이다. 새 학기가 시작되면, 그는 학생들에게 미리보기를 제공하여 학생들이 기뻐할 놀라운 학습 기회를 소개해 줄 것이다. 편지에는 규칙이나 규칙 위반 결과에 대한 언급은 거의 또는 전혀 없을 것이다. 오직 학생들로 하여금 자기 자신을 학습 공동체의 소중한 일원으로서 생각하도록 하는 데 편지의 초점을 고정시킬 것이다. 편지에는 학생들이 도전을 받으면서 성장할 기회를 잡을 것이며, 신지식을 바탕으로 신기술을 개발할 것이며, 부지런히 노력하여 자기 목표를 성취하는 기쁨을 경험하게 되리라는 내용을 담게 될 것이다.

편지를 쓰는 교사에게 당부하는 말 : 비록 편지 형식으로 쓰더라도, 내용을 개별화 하는 방법을 찾아라. 획일적인 내용의 편지를 특정 집단에게 보내는 것에는 어떤 잘못도 없다. 하지만 거기에 개인별 언급이 없게 되면, 편지의 가치는 손상될 것이다. 교사는 학생들을 알기 위해 노력하는 점을 기억하라. 컴퓨터로 찍은 라벨이 붙여진 무미건조한 문서 형식의 편지를 받는다면, 사람들이 어떻게 이해할 것으로 생각하는가? 학생들도 다르지 않다. 어쩔 수 없다면, 적어도 봉투의 주소만은 손으로 쓸 것을 권한다. 그것 하나만으로도 학생들은 자기가 개인적 관심을 받기에 충분히 중요한 존재라는 사실을 암시받을 수 있다. 교사는 학급집단이 편성되면 공유가 가능한 것들을 학생들이 방학 동안에 미리 완성해 놓으면 어떨지 생각해보도록 요청할 수 있다. 학생들이 모두 똑같은 편지를 받았을지라도, 학생들은 각각 독특한 경험을 하게 될 것이다.

등교 첫날

좋은 세계의 그림을 정의할수록, 원하는 곳으로 갈 가능성이 큰 행동의 선택은 더욱 용이해질 것이다. 영감을 주는 교사는 그 점을 명심하기 때문에, 그가 등교 첫날, 학생들과 자신에게서 무엇을 원하는지를 분명히 한다. 상세한 내용은 교사에 따라서 다를 것이다. 여기서는 등교 첫날 내가 성취하기를 원하는 몇 가지 방안을 제시한다.

나는 학생들이 계속적으로 탁월한 학업성적을 생산하는 환경을 조성하려고 한다. 그러기 위해서는 먼저 위협에서 자유로운 교실을 만들어야 한다. 나는 모든 학생들이 어떤 위협도 느끼지 않는 가운데, 교실환경을 실수와 더불어 성장하는 곳으로 인식하는 것이 중요하다고 생각한다. 이는 내가 선택이론과 뇌 기반 학습의 원리를 따르기 때문이다. 공포가 드리워진 환경이라면, 나는 거의 혼란을 겪지 않고, 오직 순종을 얻을 수 있다. 나는 신중한 사고가 거의 필요 없는 학습과제를 학생들이 알아서 척척 해내게 할 수 있다. 하지만 나는 결코 그들에게서 최선의 노력을 얻어내지는 못할 것이다.

나는 학생들에게 무슨 말을 해야 하는가? 나는 그들에게 체벌은 없다고 말할 것이다. 내 유일한 목적은 학생들을 가르치는 일이다. 나는 학생들의 학습활동과 교실 수행을 소중하게 여기기 때문에, 그들이 부지런히 노력하기를 기대한다. 하지만 나는 때때로 그들이 학구적인 분투(academic struggles)를 할 것을 알고 있다. 나는 그런 학구적인 분투를 환영하는데, 이는 학생들이 학습의 개념을 완전히 이해하기 위해서 활발하게 참여하는 신호이기 때문이다. 나는 학생들에게 혼란, 노력, 좌절은 그들이 성장하고 있는 징후라고 말한다.

영감을 주는 교사로서, 내 주된 업무는 학생들이 최적의 상태에서 뛰어난 성과를 얻게 하는 일이다. 나는 학생들이 학업 면에서 자기 노력을 긍정적으로 평가하기를 원한다. 나는 그들이 "난 절망이야; 난 정말 이것을 이해할 수 없어" 라는 생각에서 벗어나 "난 절망이야; 하지만, 이것은 내 발전을 의미하는 거야; 이것은 정말 재미있어" 라는 생각으로 나가도록 격려한다. 후자의 해석은 전자와 마찬가지로 타당하며 교육적으로 더욱 건설적이다.

최상의 교실에서조차 적지 않은 학생들이 행동상의 분투(behavioral struggles)를 겪는다. 교실 규칙을 세심하게 정해 놓으면, 혼란을 효과적으로 관리할 수 있다. 나는 교실 규칙을 정하지 않은 교사를 만난 적이 없다. 많은 교육자들은 규칙을 정하는 과정에서 학생들이 참여하는 것이 바람직하다고 주장한다. 나도 이에 전적으로 동의한다. 내 워크숍에서 말했듯이, 미국에서 혁명이 일어난다면, 아마 그것이 의회에서 시작되지는 않을 것이다. 규칙을 만드는 사람들은 반역과는 거리가 먼 사람들이다. 교실 안의 학생들은 때때로 혼란을 일으키겠지만, 그들이 진정으로 규칙을 정하는 일에 참여한다면, 결코 혁명은 있을 수 없을 것이다.

내가 교사였을 당시, 나는 학생들과 함께 교실의 규칙을 합리적으로 정했다. 그동안 내가 심각한 교실 혼란을 거의 경험하지 못한 이유 중 하나는 이 규칙에 있다. 비록 그렇더라도, 회고해 보면, 등교 첫날, 교실의 규칙을 정하는 회의 과정에 약간의 문제점이 있었다. 일단 학생들과 내가 합리적인 규칙안을 놓고 합의에 이르자, 나는 "이 규칙은 모두가 함께 공부하는 동안 지키기로 약속한 것입니다. 모두 이 규칙을 지키며 생활할 수 있겠습니까?" 라고 말했다. 나는 그 말이 얼마나 부정적으로 들렸을 것인지 알지 못했다. 나는 내 의도와 다른 말을 전하고 있었다: "자 보십시오, 아시다시피, 규칙은 성가신 것이며, 누구도 그것을 좋아하지 않습니다. 그렇지만, 좀 인내해 줄 수 없겠습니까?" 나는 규칙은 필요악이라는 사실을 암시했어야 했다.

지금 같았으면, 나는 그 일을 달리 처리했을 것이다. 나는 규칙을 정하는데 여전히 학생들을 참여시킬 것이다. 내가 중요하게 여기는 것들을 지속적으로 확인하여 제안 목록(list of idea)에 포함시킬 것이다. 규칙을 정하도록 학생들을 초대했기 때문에, 교사는 이제 집단의 일원인 점을 기억하라. 제안을 개발하는 과정에 참여한 학생이라면 누구도 동등한 권리를 소유할 뿐이다.

일단 목록 작성을 끝내고 나면, 나는 제안을 통합해 가면서, 되도록이면 교실 규칙의 수를 적게 정하도록 학생들에게 요구할 것이다. 규칙이 적을수록, 교사를 포함하여 모든 학생들이 기억하기가 더욱 쉬워지기 때문이다. 교사가 추진하는 교실은 감옥이 아닌 더욱 재미있는 학습 환경으로 느껴질 것이다.

학생들로 하여금 자신들이 제안한 아이디어 중에서 몇 개의 일반 규칙을 선정하도록 한다면, 귀중한 수업시간을 낭비하는 일로 생각하는 사람들이 있을 것이다. 하지만 반대로 생각하면, 거기에는 편집, 요약, 분류, 협상 기술 등이 포함되어서 학생들이 중요한 학습내용을 경험할 수 있다. 학기가 진행되면서, 이런 과정은 교사는 더 많이 가르치게 하고, 학생은 더 많이 배우도록 할 것이다.

이제 학생들이 교실의 규칙을 소중히 여기고, 그것을 좋은 세계에 투입하는 것이 얼마나 중요한지 잘 알게 되었을 것이다. 나는 더 이상 "이 규칙을 가지고 생활할 수 있습니까?"라고 말하지 않을 것이다. 나는 내 학생들에게 "모두 좋은 규칙을 갖게 되어서 매우 기쁩니다." 라고 말할 것이다. 만약 학생들이 규칙을 올바르게 이해하면, 그것을 더욱더 내면화하여, 누가 그들을 지켜보지 않을 때조차, 규칙을 준수하게 될 것이다. 또한 학생들은 큰 혼란이 없는 이상, 규칙 위반의 어떤 결과도 수용할 것이다.

지원적인 환경의 창조

새 학기가 시작되면, 영감을 주는 교사는 주로 학습활동에 도움이 되는 환경 개발에 관심을 기울인다. 교실 안의 모든 것을 완벽하게 갖추고 즉각 수업을 진행할 수 있을지라도, 긍정적인 학습 환경을 계획적으로 구축하는 일은 역시 크게 강조되는데, 이는 학기가 진행되면서 학업성취를 성공적으로 만드는 동력이 되기 때문이다.

존 어윈(Jon Erwin)은 내 친구이자 동료이다. 그는 현재 뉴욕에서 발달 심리학의 전문가로서 나와 함께 일하고 있다. 존이 영어교사로 일할 때의 경험이다. 개학 첫 날 그는 자신이 맡은 고등학생들에게 시험을 치르게 했다. 시험은 진단평가였으나, 일반적인 진단평가와는 성격이 크게 달랐다. 시험의 목적은 자기가 맡은 학생들과 맺게 되는 진정한 관계의 가치를 존이 얼마나 굳게 믿고 있는지를 학생들로 하여금 경험하도록 하는데 있었다.

시험지는 존에 관한 질문으로 구성되었으며, 총 20개의 선택 문항이 제시되었다. 각 문항은 존의 교직 경력은? 좋아하는 음악의 종류는? 가장 좋아하는 책과 영화는? 형제관계는? 등이었다. 시험의 의도는 두 가지였다. 하나는 학생들이 존을 인간적으로 보게 하는 것과 다른 하나는 학생들이 존에 대해 아는 것이 거의 없는 사실을 깨닫게 하는 것이었다. 각 문항이 각 학생에게 의미하는 것이 무엇이었든지, 그는 "영어교사" 이상의 사람이었다.

후속 경험으로, 존은 학생들 자신에 대한 질문 문항을 만들어 보도록 요청했다. 학생들은 시험지를 "채점"하면서, 어떤 것은 명백하게 공부와 관련된 것이고, 다른 것은 학교와 직접 관계가 적은 것이라는 등 서로에 대해 몇 가지 흥미로운 사실들을 알게 되었다. 모두가 서로 돕는 지원적인 교실환경을 함께 만들어 나갔다.

이 수업은 최고였다!

영감을 주는 교사와 학생들의 최우선 과제는 훌륭한 교실 경험에 관한 공통 비전을 개발하는 일이다. 개학 첫날 학생들에게 학기(또는 강좌)가 끝났다고 상상하도록 해보라. 수업은 학생들이 희망했던 것보다 훨씬 만족스럽게 진행되었을 것이다. 엄청난 양의 유용한 정보를 배웠을 것이다. 학생들이 학습한 것과 "이 수업은 최고였다!" 고 말한 이유를 설명하게 해보라(일부 영감을 주는 교사는 수업이 학생들에게 중요한 의미를 갖는 이유를 글로 써보도록 할 것이다). 영감을 주는 교사는 특별한 지도자 역할을 수행할지라도, 비전을 만드는 활동에 참여하여, 자신이 집단의 일원임을 보여준다. 그는 학생들에게 최고의 수업을 통해서 들려주고 보여주게 될 내용과 학생들이 결코 듣지도 보지도 못했을 내용을 학생들에게 명료하게 설명할 것이다.

좋은 교실을 위한 역할 개발

비전 개발 활동이 끝나면, 학생들은 일상생활에서 이 비전을 실천할 준비를 한다. 가장 중요한 것은 교실의 역할을 규정하는 단계이다. 교사 전문성 개발자로 전국적으로 유명한 다이안 고센(Diane Gossen)은 학생들이 규정된 역할은 물론, 이 역할과 일치하는 행동방식의 중요성을 바르게 알도록 안내하는 프로그램을 개발했다.

학생들에게 학생의 업무와 교사의 업무를 완전하게 이해해야 할 중요한 이유를 설명하라. 학생들은 오랜 시간 동안 한 집단의 일원으로서 함께 공부할 것이기 때문에, 이런 교실 경험을 통해서 자신들이 원하는 비전을 개발할 필요가 있다. 학생들이 기대되는 자기 역할을 정확하게 알면, 수업활동에서 성공할 가능성은 더 높아질 것이다. 자기가 수행할 것으로 기대되는 역할을 알지 못하면, 교사가 학생들의 능력에 탁월한 감화를 주기란 매우 힘들 것이다.

이런 제안을 토의하는 자리에서, 교사는 편안한 말을 사용해야 한다. 예를 들어, "[이 수업은 최고였다] 라고 말하기 위해서, 각자가 수행해야 할 일을 이해할 필요가 있습니다. 모두 이 교실을 책임지고 있으므로, 나는 내 일과 각자의 일을 정확하게 결정하면 유용할 것이라고 생각합니다. 또한 내 일이 아닌 것과 네 일이 아닌 것을 확인하는 것도 역시 나에게 중요합니다. 가장 훌륭한 방법을 가지고 함께 공부함으로써, '이 수업은 최고였다!' 라는 말을 여기에 남길 수 있도록 하기 위해서 이런 토의를 하는 것입니다." 라고 말할 수 있을 것이다. 이제 학생들과 함께 브레인스톰(brainstorm)을 할 시간이다. 다음과 같은 표를 만들어 보자.

교사의 일	학생의 일
이다.	이다.
아니다.	아니다.

학생들이 표를 완성하면, 교사와 학생들은 역동적인 역할 정의의 과정으로 들어가게 된다. 학기가 진행되는 동안 교사는 내내 관리자의 방식으로 과제를 주고받는 활동하면서, 항상 교사의 일/학생의 일과 비전 활동을 조회할 수 있을 것이다. 학생들은 교사가 요구하는 것의 중요성과 적합성을 더욱 잘 알게 될 것이다. "왜 이 일을 해야 합니까?" 라고 묻는 학생은 점점 감소하고 탁월한 성취를 위해 필요한 진지한 노력을 하는 학생은 점점 증가할 것이다.

목적지향적인 계획

새 학기가 시작되자마자, 현재 배우는 교과와 직접 관련된 학습활동에 교사가 적극적으로 관여하는 것은 현명한 일이다. 영감을 주는 교사는 학습활동과 무관한 일에 많은 시간을 소비하지 않는다. 영감을 주는 교사와 능력이 부족한 교사의 구분은 시작 단계에서 드러난다. 즉 시작 단계에서 영감을 주는 교사는 학습결과에는 적은 관심을 갖는 반면, 집단 형성 방법, 긍정적인 학습 환경의 창조 등에는 더 많은 관심을 갖는다. 다른 교사들도 동일한 과제를 제시하지만, 그 초점은 어디까지나 학생들이 좁은 의미의 수업과 관련된 것을 얼마나 잘 해내느냐에 맞춰져 있다. 영감을 주는 교사는 학생들의 학업성취에 관심을 갖지만, 다만 시작 단계에서는 학생들의 학습방법에 더 많은 관심을 가질 뿐이다. 학생들이 부지런히 공부 하는가? 그들은 수월성에 몰두하는가? 아니면 수월성과는 상관없이 오직 완성하는 것으로 만족하는가? 일부 학생들이 열심히 노력할 때, 다른 학생들은 그에 대해 적절한 원조를 하는가? 아니면, 교실은 "적자생존"의 성향(mentality)을 나타내는가? 학생들은 전체 집단과 협동해서 공부하는가? 아니면, 또래집단으로 인해 전체 집단에서 분리되어 나가는가? 영감을 주는 교사는 한 학년 동안 진정한 학습이 성공적으로 일어나기 위해서는 이런 것과 관련된 환경 문제가 중요한 역할을 한다는 점을 누구보다 잘 알고 있다.

일단 긍정적인 학습 환경이 정착되면, 비교적 그것을 유지하는 데는 그다지 큰 노력을 필요로 하지 않는다. 따라서 교사의 에너지는 학생들의 학습과 성취를 향해서 더욱 분명하게 쏟을 수 있다. 학기가 진행되면서, 영감을 주는 교사는 학업성취 향상과 학생의 근면성에 대한 경계를 늦추지 않는다. 특히 교실에서 수행하는 학습활동은 내적 동기, 동료 원조, 노력과 성취 등이 예외가 아닌 규칙이 되는 교실 문화에 의해 더욱 향상된다.

모두 중요하다: 진정한 포용

교사가 각 학생을 소중히 여기는 교실환경을 구축하는 일은 모든 학생들은 학습활동에 공헌할 긍정적인 능력이 있다는 신념과 깊은 관계가 있다. 대다수 학생들은 이미 계층화되어 있다. 어떤 학생들은 승자로 알려져 있다. 이들은 머리가 좋거나 운동을 잘 하거나, 아니면 두 가지 모두가 뛰어난 학생들이다. 다른 학생들은 특권을 박탈당한 "패자들"로서 거의 공부를 잘 하지 못하며 다른 학생들의 수업을 방해하는 학생들이다. 중간 지대에는 양쪽 어느 쪽으로도 갈 수 있는 거대한 무리가 있다. 교실 구성원의 색깔이 다양해지고 독립된 가정환경에서 선행학습을 받은 학생들이 학기 시작과 함께, 정규 교육과정의 집단으로 들어오게 되면, 파괴적일 가능성이 있는 학생들의 욕구를 만족 · 관리할 방법을 모색하는 일이 점점 중요해지게 된다.

영감을 주는 교사는 학생들은 모두 자신을 소중히 여기며 집단에 공헌하는 능력이 있다는 긍정적인 신념에 기초하여 교실환경을 구축한다. 이 일은 학생들이 누구이며, 그들이 어떤 교육적 장애가 있는지 관계없이, 학생들은 모두 소중하며 집단에 기여할 능력을 갖는다는 개인적 신념에서 출발한다. 영감을 주는 교사는 순진하지(naive) 않다. 그들은 모든 학생들이 동일한 방법으로, 동일한 양을 학습할 것으로 믿지 않는다. 모든 학생들은 오직 학습할 능력이 있다고 믿을 뿐이다. 학생들이 스스로 부지런히 노력하여 학업적인 성취를 이루게 되면, 학습자로서 자기 자신에 대해 좋은 감정을 갖게 된다. 따라서 수업시간에 긍정적으로 기여할 수 있는 기회가 주어지게 되면 학생들은 크게 감사할 것이다. 학생들은 단순한 보호를 받으면서, 다만 주어지는 도전에 만족하는 존재가 아니라, 진정으로 중요한 존재로 여겨질 것이다.

이런 학생으로서, 관리가 가능한 환경에 속하게 되면 학생들은 교사의 영감을 받아들여 자기 일에 최선을 다할 것이다. 모두 동일한 양의 학습을 하지 않을지라도, 모두 질 높은 교육의 과정(educational process)에 전념하기 때문에, 학생들은 그렇지 않았을 경우보다, 더욱더 향상 될 것이다. 영감을 주는 교사는 마술가나 기적의 창조자가 아니라, 학생들이 자신의 잠재적 가능성을 성취하기 위해 더욱 가까이 다가가는 조력자이다.

어떻게 학생들이 모두 소중하게 느껴지는 교실을 창조할 수 있는가? 교사가 학생들을 소중히 여긴다고 말하는 것은 분명히 중요하다. 그러나 말만으로 학생들을 확신시킬 수 있을 것으로 생각하지 마라. 특히 고학년 학생들은 그런 말들을 수년 동안 귀에 못이 박히도록 들어왔다. 학생들에게는 역시 교사가 설교한 것을 실천으로 보여주는 행동이 필요하다.

부정적 연상자(mismatcher): 종종 오해를 받는다

뇌 연구가들은 차이, 예외, 모순을 발견해서, 학습활동을 손쉽게 하는 학생집단을 찾아냈다(Jensen 1995, 259). 이 집단의 성원은 틀리는 것을 찾아내서 의미를 창조하기 때문에 부정적 연상자(mismatcher)라고 부른다. 긍정적 연상자(matcher)가 유사점을 찾는다면, 부정적 연상자(mismatcher)는 정상적인 구조에서 벗어난 상이점을 찾는다. 일반적으로, 긍정적 연상자는 동의와 합의의 영역을 선택하는 경향이 있기 때문에, 전통적인 교실환경에서 더욱 잘 할 수 있다. 부정적 연상자는 매우 논쟁적이며 모순되는 점을 잘 지적하는 경향이 있다. 그들은 긍정적 연상자처럼, 자기에게 의미있는 방식으로 간단하게 정보를 골라낸다. 이런 학습방법을 이해하지 못하는 교사는 부정적 연상자를 파괴적이며, 까다로운 학생으로 단정하기 쉽다. 역설적이지만, 교사와 논쟁하는 부정적 연상자들은 파괴적이거나 무례한 행위를 하려 하지 않는다. 그들이 펼치는 논쟁은 학습활동에 능동적으로 참여하는 신호이다.

몇 년 전 나는 학교 행정가들을 위한 워크숍을 1주일간 개최한 적이 있었다. 한 교장이 나에게 다가와 이 집단은 일반적으로 긍정적이나, 그 중 한 교사는 유난히 까다로워서 아마 내가 말하는 것이면 어떤 것도 반대할 것이라고 일러 주었다. 그의 말은 옳았다. 내가 부정적 연상자에 대한 책을 처음 읽은 직후에 이 워크숍을 연 것은 정말 다행이었다. 한 때나마, 나는 이 교사를 집단 안의 부정적인 세력으로 간주했다. 유용한 정보와 새로운 이해를 통해서, 나는 이 교사가 워크숍에서 내가 제안하는 것을 이해하기 위해 매우 적극적으로 참여하여 열심히 노력하는 점을 알 수 있었다.

내가 부정적 연상에 위협을 느끼지 않았으므로, 그는 집단 안에서 소중한 자산이 되었다. 나는 집단의 나머지 성원들에게 그의 일처리 방식이 모든 학습활동에 효과적으로 공헌하는 방법을 이해시킬 수 있었다. 부정적 연상자는 인정을 받고 소중하게 느껴지게 되었다. 마침내 그는 오직 덧붙일 유용한 정보가 있을 경우에만 발언했다. 그는 말하기 위해서 발언하려는 충동에 유혹되지 않았다. 나머지 성원들은 워크숍을 마치면서 자기 동료에 대한 새로운 인식을 갖게 되었다. 그들은 예전에 그가 지닌 많은 지혜를 크게 무시했으나, 이제 그의 지혜를 더욱 잘 이용할 수 있게 되었다. 촉진자로서, 나는 부정적 연상자를 포용하는 방법의 모델이 될 수 있어서 매우 기뻤다.

내성적인 학습자: 포용하되 압도하지 마라

영감을 주는 교사는 일부 학생들은 다른 학생들에 비해 더욱 외향적인 점을 인정한다. 어떤 집단을 조사해 보아도, 천성적으로 조용한 내성적인 학생들이 있기 마련이다. 포용적인 교실에서는 모든 학생들이 활발하게 참여하도록 초대를 받는다. 하지만, 활발한 참여라고해서 반드시 말로 참여해야 하는 활동은 아니다. 교실 안에서 학생들이 말하기를 두려워한다면, 물론 무엇인가 잘못되었을 것이다. 어떤 학생들은 수업시간의 활발한 발표를 편안하게 생각하지만, 다른 학생들은 활발한 발표를 쑥스럽게 생각할 수 있다. 그러므로 활발한 학생에 비해 약간 조용한 편에 속하는 학생이라면, 완전한 학습자로 인정하는데 문제가 없을 것이다. 이런 학생들은 자기가 이해하고자 하는 것을 관찰하여 내적으로 처리할 때, 더 효과적으로 학습하는 특성이 있다. 영감을 주는 교사는 다양한 학습방법을 이해하는 까닭에, 학생들에게 말만 무성한 가식적인 교실 참여를 강요하지 않는다. 그는 모든 학생들이 발표에 참여하도록 초대하지만, 역시 자기 학습을 향상시키기 위해서 학생들이 자기 방법으로 학습할 장치를 찾아서 보장하는 조치를 취한다. 그리하여 내성적인 학생들이 자기 학습 스타일로 인해 불이익을 받는 일이 없도록 한다.

물론 언어적 참여는 교실 활동의 일부분이며 학생들에게 필요할 때가 있다. 그러므로 영감을 주는 교사는 모든 학생들이 언어적 참여의 중요성을 이해하여 소중히 여기도록 안내한다. 학생들이 어떤 것의 중요성을 바르게 알게 되면, 협력할 가능성이 더 높아진다. 교실에서 학생들 앞에 나와 말로 표현하는 것을 매우 어렵게 생각하는 학생들이 분명히 많이 있다. 영감을 주는 교사는 학생들이 스스로 위험을 감수하고 안전구역 밖으로 나갈 수 있는 환경을 조성하기 위해 온갖 노력을 다한다. 적절한 환경이라면, 대부분 학생들은 새로운 시도를 주저하지 않을 것이다.

학습 집단(learning team)

학습 집단은 학생들이 소속감을 느끼게 하는 또 다른 방법이다. 집단 성원을 정기적으로 바꿔주면, 또래집단의 세력이 약해지면서 교실이 더욱 결속되기 시작한다. 단순히 학생들을 특정 집단에 억지로 들여보내는 것은 항상 효과적이지 않다. 허술하게 구성된 집단 활동은 오히려 파괴적일 수 있다. 학생들은 집단 활동에서 적절하게 사용할 특별한 기술을 배울 필요가 있다. 특정 집단 활동에서 요구하는 과제는 상세하게 설명할 필요가 있으며, 학생들은 과제를 효과적으로 수행할 수 있는 기술을 반드시 갖춰야 한다.

순진한 교사는 학생들이 이런 집단 기술을 다 갖추고 난 후에 교실로 들어올 것을 기대한다. 그러나 학생들이 효과적이며 책임감 있는 학습방법을 잘 알지 못하는 점을 곧 깨닫게 될 것이다. 흔히 집단 안에서 힘 좀 쓰는 학생들은 다른 학생들을 괴롭히는 경향이 강하다. 소수 학생들은 자기 짝이 놀고먹는 동안, 전부는 아닐지 모르나, 적어도 과제의 대부분을 맡아서 해결한다. 이처럼 학습의 질이 떨어지는 일이 발생하면, 교사는 학습 집단과 협동 활동을 시간낭비로 판단할 수 있다.

영감을 주는 교사는 순진하지 않다. 집단 기술을 가르치기 직전, 그는 집단 학습의 가치를 놓고 토론한다. 그리고 나서 학생들에게 집단으로써 해야 할 행동방식을 가르치고 과제와 관련된 자세한 역할을 알도록 한다(집단학습 전략은

Johnson, Johnson and Holubec 1993, 참고).

학습 집단이 순조롭게 운영되면, 교실로 가져오는 학생들의 다양한 재능을 활용할 수 있게 된다. 복합적인 학습과제는 종종 몇 가지 종류의 정보를 적용하여 접근하면, 매우 효과적일 수 있다. 학습 집단은 성원들이 다양해야 성공의 가능성이 높다. 영감을 주는 교사는 학생들에게 기대하는 것이 많기 때문에, 각 집단은 모든 성원들의 다양한 재능을 필요로 한다. 이런 상황 아래서, 집단 성원들은 모두 서로를 소중히 느끼면서 만족을 경험할 기회를 갖게 된다. 이런 만족은 오직 그들이 온갖 노력을 다해 창조한 탁월한 결과에서 나온다.

학업성취보다 학습을 강조하라

학업성취보다 학습을 더욱 강조하는 일은 모두가 소중하게 느끼는, 즉 진정으로 포용적인 환경을 구축하는 또 다른 방법이다. 모든 학생이 비교적 같은 속도로 학업 목표에 도달할 것으로 기대한다면, 너무 단순한 생각이다. 뇌 연구가들은 일반 학생들의 능력은 한 학년 안에서도 3년 정도의 차이가 있음을 인정한다(Jensen 1995, 12). 3년이라는 기간은 예외적인 학생들을 고려하지 않은 것이다. 그러므로 학생들의 발달상 차이로 인해, 학습 속도가 다양할 것이라는 견해는 당연한 것이다. 학업성취 수준을 강조하다 보면, 승자가 되고 패자가 되는 경쟁적인 학습 환경을 조성할 수밖에 없게 된다.

일반적으로 패자는 퇴행하거나 낙오될 운명을 맞게 된다.

영감을 주는 교사는 이런 상황을 피하기 위해 가능한 모든 수단을 동원한다. 학업성취를 강조하는 대신, 그들은 현재 수행중인 과제에 집중한다: 학습(learning). 학업성취를 강조하게 되면, 역설적으로 학습활동은 지속적인 과정이라는 개념을 소홀히 취급하게 된다. 실제로 학습활동은 끝없는 여행임에도 불구하고, 학생들이 학습결과에 집착하게 되면, 특정 주제는 반드시 미리 서둘러 학습해야 한다는 불필요한 생각을 성급하게 갖게 된다.

영감을 주는 교사는 학생들이 자기 학습에 집중하도록 지속적으로 지원한다: 학습할 수 있는 만큼 충분히 학습하는 것. 학습의 역할을 이렇게 정의하면, 학습의 종착역은 사라지게 된다. 당연한 말이지만, 이런 강조점은 학생들의 강점이나 약점과 관계없이 모든 학생들을 평등하게 초대하는 데 있다. 모든 학생들은 자기 최선을 다해 많은 것을 학습할 수 있다. 학생들이 자기 학습을 이해해, 다른 학생과 비교되지 않을 것이라는 사실을 안다면, 교사가 바라는 영감을 받은 학생들이 될 가능성이 더욱 커지게 된다.

교수-학습을 향한 열정

지금까지 나는 영감을 주는 교실에서 인간관계의 중요성을 강조해왔다. 그런 원조적인 관계가 없다면, 많은 학생들이 탁월한 성취에 도달할 것이라는 기대는 불가능하다고 생각한다. 교사와 그가 가르치는 교과와의 관계는 인간관계 이상으로 중요하다. 영감을 주는 교사는 독특한 존재이다. 그들은 각각 특별한 재능과 소질을 가지고 있다. 그러나 그들 모두가 공유하는 유일한 공통점은 학습에 대한 사랑과 가르치는 교과에 대한 열정이다. 열정은 전염병에 강하나, 지루함은 치명적이다. 자기가 가르치는 것에서 희열, 흥분, 열정을 전달하지 못하는 교사라면, 결코 영감을 줄 것으로 기대할 수 없을 것이다. 영감을 주는 교사는 다양한 방법을 동원하여, 학생들이 배우는 교과가 적합하고, 고무적이며, 인생을 변화시키며, 또한 학습을 위해 부지런히 노력할 가치가 있는 점을 학생들에게 전달한다.

한 학생이 "왜 모두 배워야 합니까?"라는 질문을 제기했다면, 그것을 부정적 연상자가 교사와 거래하는 것으로 이해하라. 그는 교사의 필생 사업이 갖는 가치를 설명할 절호의 기회를 주고 있다. 이 얼마나 큰 은총인가! 학생들의 관심, 시간, 노력을 완전히 사로잡을 만큼 교과가 충분한 가치를 갖는 이유를 모든 열정과 정력을 다해 정확하게 설명하라. 가르치는 교과의 중요성을 열정을 가지고 설명한다면, 교사가 "그것은 졸업하기 위해서 필요합니다" 라고 말하는 것보다 더욱 영감적일 것이다. 문제는 정말 간단하다: 교사는 그저 졸업요건에 만족하는 학생을 원하는가? 아니면, 평생학습의 과정에 열광하는 영감을 받은 학생을 원하는가?

적합한 수업을 만들어라

존 쉬(John Shea)는 매사추세츠 프리마우트 지역(Plymouth community)의 한 초등학교에서 6학년 아동을 가르친다. 그는 학생들에게 영감을 줄 수 있는 방법을 여러 가지 모형으로 만들었다. 1997년 봄, 존은 실제 생활 사건(real-life event)을 중심으로 구성한 작문수업을 실시했다.

「주간교육(Education Week)」은 전국에 걸쳐 실시된 학교 평가 보고서를 매년 지속적으로 발행해 왔다. 존은 학생들에게 매사추세츠 교육위원회 회장인 존 실버(John silber) 박사에게 편지를 보내서, 평가에서 "C"를 받은 학교의 개선 방법을 제안해 보도록 요청했다. 학생들은 이 작문 과제를 처음 받았을 때, "왜 이것을 해야 합니까"라고 물었다. 존은 학생들에게 교육계의 탁월한 인물에게 학교의 질 향상에 대한 자기 생각을 표현한다면, 매우 가치 있는 일이 될 것이라고 설명했다. 그러자 학생들은 요구받은 과제에 대해 쓸모없다거나 부적합하다는 등 더 이상 불평을 하지 않고 최선을 다해 열심히 편지를 썼다.

학생들은 교사들이 수업을 의도적으로 재미있게 진행한다면, 학교가 더욱 효과적으로 될 것으로 믿는다는 내용의 편지를 보냈다. 실버 박사는 편지들을 처음 읽었을 때, 학생들의 "재미있다"라는 말의 의미를 오해했다. 1997년 5월, 학생들에게 보내는 첫 번째 편지에서 그는 "학생들의 대다수가 공부가 재미와 흥미가 없으면, 어떤 것도 배우지 못할 것이라고 생각한다는 글을 읽고 무척 놀랐습니다. 학생들은 반드시 배워야 하기 때문이 아니라, 자신이 원하기 때문에 배워야 한다고 생각합니다. 그러나 학생들은 앞으로 다가올 인생에서 해야 할 일이 많으며, 그것은 반드시 즐거운 것이 아닌 점을 기억하는 것이 중요합니다. 교실에서 즐거움은 가치 있는 역할을 하지만 그것은 또한 학습을 위한 근면성과 노력의 대용물이 될 수 있습니다. 게다가 평생을 통해서 누군가가 학생들을 재미있게 해주기 위해 거기에 있을 것이라는 인상을 심어 줌으로써, 학생들에게 치명적인 폐해를 끼칠 수 있습니다. 불행하게도 그런 경우는 거의 없습니다." 라고 썼다.

실버 박사의 편지는 몇 가지 점에서 흥미를 끈다. 학생들은 수업시간에 자리에 앉아서 교과서를 읽고 문제를 풀기보다 재미있고 즐거운 활동을 한다면 더 많이 배울 수 있을 것이라고 썼다. 실버 박사의 첫 문장은 학생들의 말을 오해하고 있었다. 두 번째 문장은 교실의 최고 관리자로서 교사의 역할에 대한 이해가 부족한 점을 시사한다. 최고 관리자의 역할에서, 교사들은 학생들이 공부하기 "원하도록" 하기 위해서 다양한 기술을 사용한다. 그들은 학생들의 시야를 넓히려는 노력도 하지 않은 채, 교실 뒤편에 팔짱끼고 서서 오직 학생들이 원하는 것만 가르치지 않는다. 끝으로 재미와 즐거움으로 가득 찬 환경을 만드는 것을 "치명적인 폐해"로 보는 생각은 놀랍기만 하다. 그 이유를 설명하는 행(line)을 확대하여 해석하면, 영감을 주는 교사는 학생들에게 폐해만 주리라는 결론에 도달하게 될 것이다. 왜냐하면 영감을 주는 교사를 만나는 학생들은 내내 미숙한 교사를 만나게 되기 때문이다.

다행스럽게도 학생들은 당시 진행 중인 유의미한 대화에 이끌려 흥미를 느꼈기 때문에, 실버 박사의 답장으로 인해서 단념하지 않았다. 그들은 시간을 내서 내용을 추가한 후 다시 답장을 보냈다. 6월 12일 실버 박사는 한 학생에게 많은 학생들이 제안했던 것에 찬성한다는 요지의 편지를 보내왔다. "하지만 학생들이 학교에서 교과서만 읽으면서 시간을 보내야 한다고 주장하는 사람은 아무도 없습니다.......훌륭한 교사는 교과서와 참고서적의 병용, 프로젝트, 게임 등을 포함한 학습내용과 관련된 활동, 그리고 그것의 이해와 파지력의 향상 사이에 균형을 맞추는 방법을 압니다.........학생들이 배울 필요가 있는 모든 것을 조화시켜, 재미를 느끼도록 하십시오. 열심히 공부하여 대학문이 학생들을 기다리도록 만드십시오. 그렇게 된다면, 학생들은 가족을 부양하는 수단을 얻음과 동시에 학생 자신에게도 큰 만족을 약속하는 일과 직업을 발견할 것입니다."

약간의 오해에도 불구하고, 학생들은 자신이 경험한 것 중에서 가장 유의미한 학습 경험 중 하나를 제공받을 수 있었다. 영감을 주는 교사의 안내를 받은 6학년 학생들의 경험은 교사가 정직하고 활발한 대화를 하면, 상호 학습이 가능하며, 그것을 통해서 더욱 새롭고 건설적인 이해를 발전시킬 있는 점을 증명해주었다.

자기 숙제를 만들어라

샌드위치 포레스트데일(Sandwich Forestdale) 학교에서 1학년을 맡아 가르치는 앤 베스트(Ann Best)교사, 프리마우트 지역(Plymouth community)의 한 초등학교에서 가르치는 존 쉬(John Shea)와 메어리 메든(Mary Madden)교사는 "자기 숙제를 만들어라(Create your own homework)" 라고 명명한 전략을 개발했다. 이 교사들은 지나치게 많은 학생들이 일상적으로 숙제를 해오지 않거나, 숙제를 하기는 하되, 학교와 공부를 싫어하면서 억지로 해오는데 크게 실망했다. 결국 궁리 끝에 숙제가 유용하고 적절한 것을 알게 할 뿐 아니라, 학생들에게 영감을 주어 스스로 평생 학습자가 되기 바라는 마음에서 이 방법을 고안하게 되었다.

"자기 숙제를 만들어라" 라는 프로젝트는 자유와 구조간의 균형을 유지하는 장점이 있다. 학생들은 매주 숙제 프로젝트를 완성한다. 프로젝트의 특성은 학생들에게 자유가 주어지는 점이다. 이런 영감을 주는 교사들은 학생들의 좋은 학습 습관을 개발하는데 관심을 쏟기 때문에, 학생들이 선택한 주제는 특별히 중요하지 않다. 그러나 교사들은 쓰기, 읽기, 자료 분석, 계산하기 등 다양한 학습활동을 촉진하기 위해서 매주 학생들에게 주제의 범주를 대강 정해준다. 학생들은 주어진 자기 숙제를 끝낸 후, 자기 학습에 대한 정보, 자기 공부 시간, 자기 학습결과를 동료들에게 발표하는 방법을 고려해 가면서 자기 평가지를 완성한다. 학생들은 이 자기 평가 과정에 착수함으로써 구조화된 기회를 갖게 된다. 이 과정에서 학생들은 자기와 관련된 학습 유형과 새로운 자기 지식을 적용한 방법에 대해 생각할 수 있게 된다.

매주 금요일, 존과 메어리 교사가 가르치는 학생들은 한 주간의 학습결과를 발표할 멋진 시간을 갖는다. 자기가 공부한 것을 발표하려는 학생들이 너무 많아서 신청 장치(Sign-up system)를 개발했다. 특수 교육을 받을 필요성이 있는 학생들을 포함하여 실제로 교실의 모든 학생들이 교사와 동료들 앞에서 자기가 공부한 학습결과를 자랑스럽게 발표하기 때문에, 결코 지원자가 부족할일은 없다.

학부모들은 전통적인 숙제 관행에서 벗어난 이런 방식을 어떻게 생각하는가? 대부분이 찬성하며 감사한다. 학생들은 열정을 가지고 숙제를 했으며, 경우에 따라서는 자기 자녀가 생전 처음으로 숙제를 완성한 사실을 알고 놀라는 학부모들도 있었다. 학부모들은 자기 자녀들이 자기 힘으로 정보를 찾고, 교사가 요구한 것보다 더욱 열심히 공부하는 것을 보고 매우 기뻐했다. 이는 학생들이 학습의 희열을 경험하고 있기 때문이다. "자기 숙제를 만들어라"는 수월성에 영감을 주기 위해 계획된 고도의 효과적인 전략이다. 많은 학부모들에게 그것은 기적처럼 보였다.

문학 수업

문학이나 드물게는 인간의 상호작용을 다루는 수업을 하려면, 선택이론과 뇌 기반 학습 원리의 바탕 위에서 학습계획을 세우는 것이 좋다. 몇 년 전 8학년을 가르치는 한 영어교사가 수업시간에 도와 달라는 부탁해 왔다. 그는 자기 학생들에게 몇 가지 중요한 선택이론의 개념을 가르치고 싶어 했다. 특히 영어 수업 시간에 자연스럽게 그 개념을 적용하기를 간절히 원했다. 그는 선택이론의 중요성을 알고 있었으나, 영어 교사로서 본래 역할을 포기하고 별도로 그것을 가르치는 데는 자신이 없었다.

어느 날 그는 수업시간에 나를 초대했다. 나는 학생들과 내가 의미하는 책임감과 책임감 있는 행동과 관련된 용어를 정의하고 토의하면서 몇 분을 보냈다. 나와 학생들은 책임감 있는 행동은 자기 욕구를 만족하려는 타인의 시도를 방해하지 않으면서, 자기 자신의 욕구를 만족시키는 행동방식을 의미하는 점에 모두 동의했다. 이런 방식에 따른 행동은 역시 안전하고 합법적일 것이다. 그 후 나는 선택이론에서 주장하는 4가지 심리적인 기본 욕구를 간단히 설명했다: 사랑/소속, 권능, 자유, 즐거움. 전체적인 수업 요소를 설명하는 데는 채 15분도 걸리지 않았다.

학생들은 폴 진델(Paul Zindel)이 쓴 『피그맨(The Pigman)』이란 책을 읽고 있었다. 내가 수업에 들어가기 전날, 학생들은 이미 그 소설의 절반가량을 읽어 둔 상태였다. 학생들은 세 사람의 주인공들이 행한 세 가지 행동의 특성 목록을 작성했다. 그 후, 학생들을 학습 집단으로 나누었다. 학습 과제는 행동을 만족시키는 욕구들이 무엇인지 놓고 토의하는 것이었다(모든 행동은 유목적적이며, 이는 기본 욕구를 만족하기 위한 것임을 기억하라). 학생들이 주어진 행동이 어떤 욕구를 놓고 다루는지 토의할 때, 그것을 듣는 수업 태도가 가장 만족스러웠다. 그때 나는 학생들에게 그 행동은 “책임감이 있는지” 또는 “책임감이 부족한지”를 잘 분류할 수 있겠느냐고 물었다. 또한 학습 집단에게 자기 결정에 대한 몇 가지 이유를 제시해 보도록 했다. 동기와 책임감을 놓고 생생한 토론이 이어졌다.

영어 교사는 추후 수업 지도(follow-up lesson)를 위해 내가 다시 학교를 방문할 필요를 느끼지 않았다. 그는 다음에 자신이 해야 할 일을 알고 있었다: 소설의 나머지 반쪽에 등장하는 주인공들의 행동을 조사하여 그들이 책임감 있게 행하는 행동방식에 변화가 있었는지 알아보는 것.

인간의 상호작용을 다루는 어떤 주제라도, 학생들이 기본 욕구와 행동을 관련시키기는 어렵지 않다. 영어교사와 내가 피그맨(The Pigman)의 토의 시간에 수행했던 것처럼, 영감을 주는 교사는 적절한 때, 책임감의 개념을 강조할 수 있다.

또래집단을 넘어서: 보호적인 학습자 공동체

인간은 사회적 존재다. 소속감의 욕구는 사람들이 다른 사람과 교제하도록 만든다. 안전감의 욕구는 흔히 타인을 받아들이지 않으려는 내적 특성을 나타낸다. 그러므로 어떤 집단이든지 관계가 끊긴 배타적인 하위집단을 구성하는 것이 일반적이다. 개인은 특정 집단 안에서 안전감을 느끼기 때문에, 외부 집단과의 관계 형성을 꺼려하게 된다.

이런 행동은 교실에서 또래집단이 형성되면서 확연하게 드러난다. 본질에서 따져보면, 또래집단은 안전감과 소속감의 욕구에 부합하기 때문에, 욕구-만족적이다. 또한 또래집단은 여러 집단 간의 권능 욕구가 흔히 무책임한 방법으로 표현되는 각축장이 되기도 한다. 집단 성원들에게 상당한 권력이 주어지면, 많은 갱들은 위협을 하거나 폭력 행동에 가담하기 시작한다.

영감을 주는 교사는 이런 현실적 문제를 감추려 하지 않고 과감하게 드러낸다. 그들은 교실에 또래집단이나 갱이 없는 척 하기는커녕, 단호하게 교육자의 사명으로 돌아간다: 학생들이 많이 배우고 익히며, 생산적인 활동으로 자기 공동체에 공헌하도록 하는 일. 이런 비전을 지니는 한, 거의 모든 학생들은 학교의 가치를 알기 시작할 것이다. 사람들은 유능해지고 싶은 욕구가 있기 때문에, 모든 학생들도 자기 공동체의 성원들에게서 인정을 받을 수 있는 능력을 개발하는 학습에 관심을 갖는다. 학교에서 이런 긍정적인 인정을 제공할 수 없다면, 교사는 또래집단이 일으키는 혼란과 폭력의 위험을 감수해야 한다.

영감을 주는 교사는 학생들과 협력하여 교실 공동체와 관련된 좋은 세계(shared quality world)의 공통 비전을 개발한다. 그러나 학생들이 자기 힘만으로 이 비전을 창조하기는 사실상 어렵다고 할 수 있다. 이는 어린 학생들이 거대하고 포괄적인 학습자 공동체(community of learners)를 창조하기에는 아직 능력이 부족하기 때문이다. 영감을 주는 교사는 공통 비전의 개발에 참여할 책임을 갖는다. 그러므로 모든 학생들이 자기를 효과적으로 표현할 수 없더라도, 교사는 반드시 학생들을 비전 개발에 포함시킨다. 영감을 주는 교사는 교실의 학생들이 전원 참여하여, 상호 긍정적인 관계를 형성할 때, 능력이 더욱 강화되고 행복하게 되는 사실을 학생들에게 이해시킨다. 물론, 태생적으로 이런 것에는 많은 관심을 보이나 저런 것에는 적은 관심을 보이는 학생들도 있을 것이다. 그런 행동은 인간의 천성이기 때문에, 기대되고 존중되어야 한다. 그럴지라도, 또래집단과 갱의 장벽을 허무는 일은 학생들이 각각 더 높은 학업성취를 달성하게 하며, 교실 안에서 진정한 만족을 더 많이 경험하게 만드는 사실을 깨닫게 하는 기회를 제공한다.

학생들이라고 해서 모두 협력과 보호적인 공동체 건설이 가치 있거나 바람직한 것으로 생각하지는 않는다. 학생들은 안락한 자기 또래집단 밖으로 나가는 것을 두려워하기 때문에, 적어도 처음에는 교사의 노력을 비웃고 저항하기도 한다. 더구나 허세는 그들의 두려움을 감춰 줄 수 있어서 더욱 그렇다. 아무리 교실 상황이 어렵더라도, 영감을 주는 교사는 쉽게 포기하지 않는다. 그들은 교실 안의 또래집단 세력을 능가하는 집단을 만들어야만, 오직 더 많은 학생들에게 영감을 줄 수 있는 점을 잘 알고 있다. 그런 사실 때문에, 그들은 어려운 시기를 지탱할 수 있으며, 또한 개인과 또래집단을 망라하여 진정한 공동체를 건설하는데 필요한 자원을 발견할 수 있다.

교실 공동체를 건설하는 과정에서, 영감을 주는 교사는 이미 학생들이 속한 또래집단의 가치에 도전하지 않는다. 그들은 또래집단을 깨려고도 하지 않는다. 그 대신, 학생들이 교실 전체에 협력하는 새로운 좋은 세계의 그림을 그려가도록 돕는다. 일단 학생들이 교실 밖으로 나가면, 그들은 원래 또래집단으로 자연스럽게 표류하여 들어가, 그곳에서 그들이 구하는 안정과 소속감, 권능을 발견할 것이다. 하지만 학생들이 교실 전체에 긍정적으로 결합하게 되면, 이 모든 욕구는 영감을 주는 교실 안에서 만족하게 될 것이다. 학생들이 그런 중요한 사실을 발견하도록 교사가 돕는다면, 그들은 원조적이며, 보호적인 학습자 공동체를 비교적 손쉽게 건설하기 시작할 것이다.

요약

영감을 주는 교사는 많은 학생들이 탁월한 성취를 이룰 수 있는 학습 환경을 구축한다. 교사가 이 과정에서 취해야 할 가장 우선적이며 중요한 것은 모든 학생들과 긍정적인 학습 관계를 계획적으로 형성하는 일이다. 이런 관계 형성은 학생들로 하여금 자신을 학습 공동체(learning community)의 일원으로 보게 만든다. 긍정적인 학습 환경은 종착역이 아니라, 오히려 학생들이 자기 최선을 다하게 될 바로 그런 곳이다.

영감을 주는 교사는 교실이 해야 할 역할과 책임을 명확하게 규정하여 학생들과 협력하여 일한다. 그들은 적절하고 유의미한 학습 기회를 제공하여, 학생들로 하여금 최선을 다하는 것이 자신에게 유익한 이유를 이해하도록 한다. 또한 영감을 주는 교사는 학생들이 훌륭한 교실의 비전을 개발하도록 만든다. 이 비전은 학생들에게 동기를 부여하여 학업성취를 높이고, 책임감 있는 행동을 하도록 안내하는 기능을 한다.

영감을 주는 교사는 정교하게 구조화된 협동학습의 집단처럼 학업성취를 제고・증진하는 전략을 사용한다. 그들은 모든 학생들이 진실을 몰라주더라도, 학생들은 모두 소중하게 여겨지는 존재들이며 학습 공동체에 참여해야 할 이유를 분명하게 한다. 영감을 주는 교사는 학습에 대한 사랑과 가르치는 교과에 대한 열정으로 충만해 있다. 그는 학생들이 자기 교실을 탐구하고, 자신에게 도전하도록 격려할 뿐 아니라, 학업과 사회 전반에 걸쳐 성장하는 즐거움이 넘치는 교실로 만들기 위해 노력한다.

제 6 장
동료교사들에게 영감을 주어라

앞장에서 교사가 학생들에게 영감을 주는 방법을 살펴보았다. 많은 교사들은 역시 동료교사들에게도 영향을 줄 수 있는지를 알기 원한다. 이 장에서는 교사가 동료교사들에게 영감을 주어, 외로운 노력에서 벗어나 체계적인 변화를 향해 나갈 수 있는 방법을 제안할 것이다.

설교하지 마라

교육의 질을 제고하기 위해서, 교사와 학교를 실질적으로 지원할 수 있는 워크숍을 열 때마다, 참석자들이 나에게 자주 묻는 질문은 한결같다. 어떻게 하면 동료교사들에게 영향을 주어, 워크숍에서 얻은 아이디어를 학교 전역에 걸쳐 실천할 수 있는가? 참석자들의 말은 외적 통제 심리학에 내재하는 신념체제를 얼마나 깊이 내면화 했는지 잘 보여준다. 그들은 자신들이 강제적 · 외적 통제적 관점에 빠져있는 사실을 알지 못하고, 동료교사들이 이런 제안의 가치를 알도록 "만드는" 방법을 묻고 있다. 그들의 말로 인해서 동료교사가 제안의 가치를 스스로 평가할 기회를 방해받는다는 사실도 모른 채, 그들이 현재 믿는 것을 모든 동료교사들이 믿도록 "만들어야" 하는 방법을 묻는다. 누가 듣건 말건, 수선을 피우면서 방금 발견한 굉장한 진리를 동료교사들과 공유할 의무가 있는 것처럼, 지나친 열성을 가지고 말하는 교사들이 의외로 많다.

다른 교사들이 내 워크숍의 가치를 인정해 주면 나는 매우 기뻐할 것이다. 하지만, 지나치게 열성적이면, 나는 일단 그들을 진정시키고 난 후, 그들이 아는 것을 알지 못하며, 그들이 믿는 것을 믿지 않는 동료교사들이 있는 사실을 말해주고, 그들과의 관계를 깨지 말도록 당부한다. 특별히 의미 있는 수업을 경험하고 나서, 이를 당장 동료교사들에게 설교하려는 "열혈교사"에 대해 대부분의 교사들은 인내심이 부족하다. 불필요한 조언을 하는 설교자는 매우 중요한 사실을 잊고 있다: 모든 행동은 유목적적이고, 모든 사람들은 자기가 할 수 있는 한, 최선을 다하고 있으며, 자기가 좋아하는 방식이 있기 때문에 다른 방식으로 행동하려 하지 않는다. 불필요한 조언은 빈약하게 위장된 이중 비판이며, 사람을 두 번 죽이는 가장 파괴적인 행동이다.

결코 동료교사들과 한 방향으로 갈 생각이 없다면, 그들에게 설교하라. 진리를 탐구해서 단 한방에 학생들에게 영감을 주는 비법을 방금 알아냈다고 그들에게 말하라. 확실한 이유조차 모른 채, 학교 안에서 외톨이가 되어 무시당하기까지 그리 오랜 시간이 걸리지 않을 것이다. 놀라운 정보를 가지고 있는 교사가 있을지 모르나, 이를 공격적인 방식으로 표현해버리면, 그 정보는 한낱 무용지물에 불과하게 된다. 동료교사가 일방적으로 말하려는 것을 들고자 하는 교사는 거의 없을 것이다. 어떻게 동료교사들에게 영향을 줄 수 있겠는가?

진정한 관심을 보여라

정말로 동료교사들에게 영향을 주려면, 언행이 일치해야 한다. 타인에게 영감을 주는 원리를 모델로 삼아라. 동료교사들과 함께 매력적이고 비평가적인 환경을 조성해 가라. 요청하지 않는 조언은 하지 마라. 자기 일에 열중하면서, 동료교사들과 진정한 관계를 형성해 가라. 교사는 학교와 교육계를 넘어 광범위하게 생활하는 다면적인 존재라는 점을 기억하라.

영감을 주는 교사가 자기 학생에게 진정한 관심을 보여 주듯이, 동료교사에게 영감을 주려는 교사는 그들에게 진정한 관심을 보여 주어야 한다. 영감을 주는 교사는 동료교사들과 가족, 취미, 취향, 주말 계획, 방학, 질병, 당면한 일 등 일상적 경험의 소재에 관해 의견을 교환한다. 만약 학교와 학교 관련된 이야기만 나눈다면, 동료교사들을 진정으로 알기 어려울 것이다. 설령 그것이 중요한 부분일지라도, 오직 그 부분만 알게 될 뿐이다. 동료교사들이 각각 보호받기 원하는 사생활을 진실로 중요하게 여기고 존중하는 관계, 즉 더욱 완전한 관계를 유지한다면, 동료교사들은 학교 일을 포함한 그 밖의 중요한 문제를 터놓고 이야기할 것이다.

개인 스타일을 보존하라

내가 제안하는 영감을 주는 교사의 "비법"을 읽고 있는 교사나 훈련중인 예비교사라면, 약간 실망스런 느낌을 받았을 것이다. 이는 내가 사용하는 언어가 교훈적이며, 추상적이었기 때문이다. 이런 점을 고려하여 여기서는 매우 실질적인 방법을 말하고자 한다: 나는 학생들을 안내하여 교사가 "제공"하는 것을 수용하도록 하는 방법을 말할 것이다. 학생들이 "선택"하는 강좌의 중요성을 강조할 것이다. 교사가 학생들에게 "적절하고", "유용한" 학습계획을 체계적으로 지원할 것을 주장할 것이다. 영감을 주는 교사는 "체벌"에는 "결코," 관심이 없으며, 오직 책임감 있는 행동을 가르치는 일에만 관심이 있을 뿐임을 말할 것이다. 비록 "건설적인 비평"일지라도, "비평"의 파괴적인 특성에 대해 말할 것이다. 끝으로 "학습"은 "성취"보다 더 중요하다고 주장할 것이다. 영감을 주는 교사가 되는 왕도는 없다. 영감을 주는 교사는 자기를 매우 다양한 방식으로 표현한다. 개인 스타일이 얼마나 다양할 수 있는지를 잘 설명해 주는 한 영감을 주는 교사의 이야기를 소개한다.

데이브 드리스콜(Dave Driscoll)은 큰 키에 우렁찬 목소리를 가진 해병대 출신의 남성이다. 그는 성인과 학생 모두에게 친밀감을 주는 외모의 소유자다. 데이브는 자기가 근무하는 초등학교의 교실을 민주적이라기보다 전제적으로 조직했다. 학생들은 데이브에 대한 평판과 직접적인 경험을 통해서, 교실은 부지런히 노력하도록 기대되며, 학습을 방해하는 행동은 허용되지 않는 장소라는 사실을 알게 되었다.

가장 중요한 것은 데이브 드리스콜이 영감을 주는 교사라는 사실이다. 데이브는 교실에서 어떤 특성을 발휘하여 학생들에게 영감을 주었는가? 무엇보다 그는 학습에 대한 열정을 불러일으켰다. 데이브의 교실에 들어오면, 학생들은 무차별인 정보의 공격을 받는다. 학습은 유목적적이며 영감의 원천은 풍부하고 다양하다. 교실에는 검색 구역이 있으며, 거기에는 몇 대의 컴퓨터가 놓여 있다. 대부분의 컴퓨터는 교육과정과 컴퓨터의 효과적인 통합 방법을 익힐 시간이 없는 동료교사들에게서 빌려온 것들이다. 인터넷 접속장치가 장착되어 있어서 학생들은 손끝으로 전 세계의 최신 정보를 얻을 수 있다. 교실 주변에는 포스터가 붙어 있다. 어떤 것은 면학, 성취, 고진감래를 강조하는 글로 채워져서 매우 영감적인 분위기 연출해 낸다. 어떤 것들은 학습내용과 관련된 것이어서 학습과제에 대비하는 정보를 미리 얻을 수 있다. 교사가 영감을 주고, 적합한 교육과정을 운영하는 교실이라면, 어떤 교실에서도 학생들의 눈은 두리번거리며 표류할 것이다. 데이브의 교실에서 표류하는 눈은 학습할 가치가 있는 것들과 만나게 된다.

내 아들 그레그(Greg)는 운이 좋아서 데이브 선생님에게서 배웠다. 지금까지 그레그는 학업성적이 우수한 학생이었으며, 악의는 아닐지라도, 수업을 방해하는 재주도 있었다. 그레그가 데이브 선생님의 6학년 수업을 방해한 적이 한 번도 없었다고 말하는 것은 거짓일 것이다. 하지만, 수업방해 행동은 퍽 드물어서 가볍게 처리될 수 있었고, 공부는 최고 수준을 유지했다.

나는 그레그에게 데이브 선생님에 대해서 그가 소중하게 여기는 것이 무엇이냐고 물었다. 그레그는 나에게 "드리스콜 선생님은 무섭지만, 항상 공평해요."라고 말했다. 나는 데이브 선생님이 공평, 확고부동함, 공정한 처우가 결합하여 그레그의 학업을 크게 향상시켰던 특별한 경험을 기억한다.

데이브 선생님은 며칠간에 걸쳐 공부해야 할 수학 문제를 숙제로 낸 적이 있었다. 그는 학생들이 문제를 풀기 위해서 필요한 자료를 모두 사용하도록 허용하면서, 집에서 공부해오도록 했다. 그레그는 숙제 제출일을 적어둘 필요성을 느끼지 않는 아이였다. 그의 기억력은 정확했고, 무엇을, 언제, 어떻게 하기로 예정된 것을 쉽게 기억하므로, 어떤 것을 적어둘 하등 이유가 없었다.

그레그는 수학숙제를 부지런히 준비했다. 그는 제출일로 생각되는 날 아침, 완벽하다는 자신감을 가지고 숙제를 제출했다. 데이브 선생님은 그레그에게 피드백을 원하는지 물었다. 그런 질문은 평소 그가 하지 않았던 것이었다. "물론입니다. 그런데 왜 묻지요, 선생님?" 하고 그레그가 대답했다. "난 단지 궁금했을 뿐이다. 넌 숙제를 늦게 제출했기 때문에 점수를 받기 힘들 거야. 난 다만 네가 여전히 내 피드백에 관심이 있는지 알고 싶을 뿐이란다." 라고 데이브 선생님은 말했다.

이런 반응은 어떤 학생을 막론하고 매우 가혹한 형벌처럼 들릴 것이다. 나도 역시 이런 고집불통은 불필요하다고 생각하지만, 학생들이 그것을 어떻게 이해하느냐가 가장 중요하다. 그레그에게 너는 어떻게 생각하느냐고 물었을 때, 그는 즉석에서 드리스콜 선생님은 모든 학생들에게 공평하다고 말했다. 그레그는 제시간에 숙제를 제출하지 못하면 돌아오게 될 결과를 알고 있다고 말했다. 그의 생각에 그런 결과는 공평한 것이었다.

내가 데이브와 이런 상황을 이야기했을 때, 그는 일을 이런 식으로 처리해서 마음이 불편하지 않았는지 내게 물었다. 나는 그 오직 한 가지 중요한 질문만 생각했다고 말했다: 이 사건이 장래 그레그가 학교생활을 하는 태도에 어떤 영향을 미칠 것인가? 데이브는 이런 특별한 일이 그레그의 장래 학업성적에 결코 악영향을 미치지 않을 것이라고 나를 확신시켜 주었다.

데이브는 교수(teaching)에 대한 열정과 공평성에 대한 확고한 판단에 더해, 교실에서 뇌 기반 학습 원리를 실천했다. 그는 가장 효과적인 것을 제시하는 최신의 연구결과를 자기 교수법에 적용했다. 오늘날 특정 분야의 지식이 급격히 증가하기 때문에, 데이브는 인터넷을 포함하여, 가장 현대적인 지식과 기술을 적극 활용한다. 그가 가르치는 교실에서 교과서는 부차적인 것으로, 교수를 이끌어 가는 주인이 아닌 다만 교사를 도와주는 자료일 뿐이었다. 끝으로 데이브는 한 시간이나 한 단원이 끝내고 나면, 학생들이 도달할 수 있게 되기를 기대하는 목표 수준을 명확하게 알고 있었다. 그는 학습내용을 숙지하는 방법에서 자유와 선택을 허용한다. 그의 최고 목표는 학생들이 학습내용을 숙지하여 능력을 보여주는 것이다.

영감을 주는 교사는 학생들을 동일한 틀에서 찍어내지 않는다. 지나치게 요구할 수도 있고, 경우에 따라서 단호하고 엄할 수도 있다. 교사가 영감을 주기 희망한다면, 자기 개성과 창의성이 내내 반짝거리게 해야 한다. 많은 사람들은 자신에게 영감을 준 특별한 선생님을 평생 동안 마음속에 모시고 있다. 데이브 드리스콜 선생님은 내 아들과 지역사회의 다른 학생들에게 그런 선생님 중 한 분으로 남아계신다. 나는 내 아들이 이런 특별한 선생님에게서 영감을 받은 기회를 얻었다는 사실에 깊이 감사한다.

학교 안의 에너지를 증강하여 유지하라

영감을 주는 교사는 특정 지역이나 학교와 관계없이 혼자서 영향력을 행사할 수 있다. 실제로 그들은 고립된 환경에서 수년간 혼자서 일해 왔다. 이런 상황은 외롭고 쓸쓸할 수밖에 없을 것이다. 하지만 학생들에게 영감을 주고, 욕구-만족적인 교실을 구축하고, 뇌 친화적인 환경을 조성한다면, 교사가 자신의 성공을 다른 사람들과 공유하는 일은 자연스러울 것이다. 이런 공유는 교사가 어려움에 처할 경우, 자신을 지원해 줄 동지와 만나는 기회를 제공한다.

학교가 즐거운 일터가 되려면, 교사는 학생들에게 영감을 주기 위해서 계획적으로 업무를 수행하는 전문가가 되어야 한다. 모든 교사들이 오직 학생들에게 영감을 주기 위해서 일하지 않는가? 나는 그렇게 생각하지 않는다. 설령 그렇더라도, 그들의 노력은 영감을 줄 정도로 집중적이며 자발적이라고 보기 힘들다. 최선을 다해 일하는 교사와 많은 학생들에게 영감을 줄 수 있는 자기 능력을 늘 마음에 두고 일하는 교사 간에는 미묘하지만 중요한 차이가 있다.

학생들에게 영감을 주기 위해서 학교나 지역사회에서 자발적으로 일하는 교사라면, 특정한 종류의 네트워크 집단(network group)을 구성하는 방법을 고려하라(많은 분야에서 이런 노력은 전문성 개발에 신뢰를 가져다주었다). 네트워크 집단은 에너지를 증강하여 활력을 불어넣는다. 예외적인 몇 명의 교사들을 제외하고는 혼자서 실천하는 일은 소모적이며, 궁극적으로 만족스럽지 못한 결과를 얻게 된다. 대부분의 경우, 동일한 이념을 추구하는 대규모 집단과 연합하면, 큰 힘을 얻을 수 있다.

네트워크 집단 안에서 교사들은 전략과 성공을 공유할 수 있다. 학교 공동체에서 파괴적인 세력이 되지 않기 위해서 교사집단은 부정적인 말을 삼가하고, 정기적으로 회의를 열어서, 전교직원에게 "영감과 활력"을 주어야 한다. 회원을 제한할 경우, 교사집단은 엘리트주의, 파벌 형성, 불화 조장의

장본인이 될 수 있다. 그러므로 은밀한 방법으로 배제되거나 미움을 받지 않도록 조심해야 한다. 예를 들어, 신입회원이 회의에 처음 참석했다면, 그들이 참석하기 전에 결정했던 회의 내용을 알려주어라. 이렇게 하면, 전교직원들이 참석한 회의에서 신입회원이 소외감을 느낄 수 있다는 비언어적 메시지를 전달할 수 있다. 나아가 이는 혹시 있을지 모르는 오해를 예방하는 효과도 얻을 수 있다. 이런 상황이라면, 회의에 불참하는 사람들도 있겠지만, 핵심 회원들은 학교문화에 거의 상처를 주지 않으면서, 자신의 임무를 다하는 소수 엘리트 군단으로 남게 될 것이다.

학교는 이미 가르치고 배우기에 이상적인 장소가 되었을지라도, 학교문화를 변화시키는 일은 영감을 주는 교사가 해야 할 몫이다. 그들은 투쟁적인 학교를 성공적으로 만들고, 훌륭한 학교를 더욱 성공적인 학교로 만들기 위해서 힘쓴다. 한 교사가 아무리 유능할지라도, 문화변화를 일으키기 위해서는 비판적인 사람들이 많아야 한다. 이것이 바로 관심 있는 교사로 구성된 네트워크 집단을 출발시키는 동력이다. 집합적 행동은 교사에게 엄청난 영감의 가능성을 제공한다.

누가 네트워크 집단을 주도하여 이끌어 가는가? 교사들은 대부분 외적 통제 심리학의 사고에 너무 기울어져 있어서 즉시 "누군가 다른 사람"이라고 대답할 것이다. 교사는 그것을 행정가의 역할로 생각할 것이다. 행정가가 수행할 역할이 있는 점에 나도 동의한다. 하지만 교사들이 더욱 효과적으로 교직생활을 통제하기 원한다면, 자신들이 가치 있다고 믿는 일을 누군가가 시작해 줄 것으로 더 이상 기다려서는 안 된다. 그렇다고 충동적으로 나가거나, 기존의 명령 사슬을 망쳐서도 안 된다. 교사는 책임감 있는 행동으로 자기소임을 다해야 한다.

어떻게 네트워크 집단을 구성할 것인가? 전문가로 성장하여, 학생들이 학교에서 열심히 공부하도록 영감을 줄 수 있는 방법에 관한 토론 집단을 구성하려고 한다면, 어떤 교직원들이 관심을 보일지 알아보는 일부터 시작하라. 대부분의 학교에는 이런 일에 큰 관심을 나타내는 교직원들이 있기 마련이다. 선발해 주기를 줄지어 기다리는 잠재적인 에너지로 가득 찬 학교는 주변 어느 곳에서도 발견할 수 있다.

교사들은 가치 없는 일에 귀중한 시간을 투자하기를 꺼려하는 경향이 있다. 그러므로 네트워크 집단이 동료교사들의 생활에 유익함을 더해 줄 수 있는 점을 알도록 해야 한다. 무슨 말인가? 첫째, 교사들 가운데, 특히 경험이 많은 교사들은 과거에 일시적으로 번성했던 교육단체를 경험했기 때문에, 과거의 교육단체와 네트워크 집단 간의 차이점을 알고자 한다. 이런 차이점을 알려 주지 않으면, 그들은 자기 시간을 다른 목적에 사용하게 될 것이다. 또한 앞으로 참여하게 될 네트워크 집단은 그들이 가르치는 학생들에게서 변화를 끌어낼 가능성을 확신시켜야 한다. 둘째, 학생들에게 영감을 준 결과, 많은 학생들이 공부를 열심히 하여 학업 면에서 탁월한 방향으로 나가게 되면, 교사의 업무는 더욱 즐거워지는 사실을 지적하라. 경우에 따라서 교육의 질 개선에 대한 비판에 의해서 마음이 움직이는 교사도 있을 수 있다. 하지만 모든 교사들은 자신의 일을 더욱 즐겁게 할 수 있는 방법을 아는 데 관심이 있을 것이다.

공식적 네트워크를 구축하려는 일은 반드시 행정적 승인을 얻어서 실행할 필요가 있다. 훌륭한 집단이라면 단순한 허용을 넘어서 적극적으로 원조하는 지도자가 있을 것이다. 하지만 그런 지도자를 기다린다면, 모두 수동적이 되고 말 것이다. 사람들은 만족을 경험하기 위해서 다른 사람에게 의존하는 경향이 있다. 다른 사람들을 위해서 일하는 사람들은 감사를 받아 마땅할 것이다. 그러나 원하는 해결방법을 아무리 타인이 결정해서 제시한다고 해도, 능동적이 되는 것을 포기하지 마라. 행정적 승인이 떨어지자마자, 네트워크 집단이 학교 안에서 정기모임을 시작할 수 있도록 그대로 밀고 나가라.

과연 행정가들은 이런 특성을 갖는 집단에 찬성할 것인가? 한마디로 행정가들에게 이런 제안을 정확하게 설명하여 고려하도록 설득하는 능력에 달려있다. 합리적인 행정가라면 많은 학생들이 부지런히 공부하여 더 나은 성적을 올릴 수 있도록 교직원에게 용기를 북돋아 줄 것이다. 합리적인 행정가라면 학생들이 가장 효과적으로 학습할 수 있는 방법에 관한 현재의 뇌 연구에 대해 토의해 보도록 교직원에게 용기를 북돋아 줄 것이다. 합리적인 행정가라면 학교 집단의 지혜를 완전하게 사용하여 이미 증명된 성공적인 전략을 공유하도록 하여, 학교문화가 학생들의 학습과 성장을 지원하도록 교직원에게 용기를 북돋아 줄 것이다. 이런 아이디어를 지혜롭게 제안한다면, 행정가는 반드시 이를 허용할 것이고, 나아가 열정적인 지원도 아끼지 않을 것이다.

어떻게 의사소통을 해야 하는가?

디안 고센(Diane Gossen)과 주디 앤더슨(Judy Anderson)은 공동 연구를 통해서 세 가지 유형의 학교를 밝혀냈다: 전통 학교(Conventional school), 동지 학교(The congenial school), 동료애 학교(The collegial school). 전통 학교는 교사들이 상대적인 자율성을 가지고 고립되어 일하는 일반 학교이다. 이 학교에서 공유란 거의 또는 전혀 존재하지 않는다. 교사들은 문을 닫아걸고 상호 치열하게 경쟁하는 경향이 있다.

동지 학교는 우정, 의식 등이 말하듯이, 그야말로 뜻이 맞는 교사들끼리의 사교 모임의 특성을 갖는다. 좋은 것이 좋다는 식으로 동료교사와 원만하게 지내는 관계를 강조한다. 그러다 보니 이 학교의 교사들은 갈등을 피하기 위해 많은 에너지를 소모한다. 평화 유지를 중요시 하고, 가능하면 잠재적 갈등 요소를 피하려고 한다. 조용하게 시작된 회의는 활기찬 험담회의(gossip session)로 이어지지만, 험담이 끝나면, 교사들은 입을 닫고 침묵으로 일관한다. 스코트 팩(M. Scott Peck)은 이런 사회 구조를 '의사 공동체(pseudocommunity)' 라고 불렀다(1988, 109). 이 집단의 성원들은 갈등과 정직한 반대는 소중한 관계를 약화시킬 것이라는 두려움 섞인 신념체제를 고수한다.

동료애 학교는 갈등을 두려워하기는커녕 환영하는 학교이다. 이런 학교 환경은 대화가 활기차게 이루어지고 대기 중인 갈등을 모두 철저하게 포용한다. 교직원들은 피상적인 관계나 형식적인 대화로 문제를 해결하는 대신, 정직하고 수준 높은 상호작용을 통해서 문제를 해결한다. 이들은 상호작용이 활발할수록 상호관계는 더욱 돈독해진다고 굳게 믿기 때문에, 피상성을 좋은 관계는 물론 수월성의 적으로 간주한다. 이런 수준까지 교직원들의 상호작용을 끌어올리기 위해서는 선택이론의 심리학에 대한 철저한 이해가 필요하다.

영감을 주는 교사는 자기 학교를 동료애 학교로 만들기 위해서 힘쓴다. 이 학교의 성원들은 상호 차이점을 존중하고 정중하게 논쟁하는 법을 안다. 특히 학교와 교실을 더 훌륭하게 조성하는 방법을 놓고 벌리는 토론에는 모두 열정적으로 참여한다. 이런 주제를 놓고 전국 교사들과 토론한 내 경험에 비추어 보면, 현재의 학교체제는 전통 학교에서 벗어나 점진적으로 변화·발전할 것으로 믿는다. 교사들은 더 많은 것을 공유하면서 점점 덜 고립적인 환경에서 일하는 방향으로 나가고 있다. 하지만 대부분의 교사들은 자기 학교가 동료애라기보다 훨씬 더 동지적이라고 말하고 있다. 학교를 의미 있게 개선하기 위해서, 영감을 주는 교사는 진정한 동료애 학교를 창조하는 방안을 강구한다. 이는 가장 전문가적인 환경에서 중요한 교육과업을 실행하는 것이라고 할 수 있다.

학교 밖의 세계와 접속하라

영감을 주는 교사는 자기가 일하는 학교나 학교 체제 밖에 있는 사람들과 관계를 형성함으로써, 에너지를 증강하여 활력을 유지할 수 있다. 의도적으로 동일한 목적을 추구하며 일하는 사람들이 거의 없기 때문에, 교사들은 학교 안에서 고립감을 느낄지라도, 전국은 물론 전 세계에 동일한 목적을 추구하는 수많은 사람들이 있는 점을 알게 되면 큰 위안을 얻을 수 있다.

교사는 학교 밖에 있는 사람들과 다양한 방법을 통해서 네트워크를 형성할 수 있다. 교사가 워크숍과 대규모 연차대회에 참석하거나, 학교를 개선하고, 학생들에게 영감을 주기 위해 특별히 조직된 단체에 관여하게 되면, 그것의 유용성을 곧 알게 된다. 이런 외부와의 접촉은 교사가 바람직한 방향으로 나가고 있는 확실한 믿음을 주는 동시에 교사의 계속적인 학습을 허용한다. 또한 웹 사이트에서 제공하는 관련서적 목록은 교사가 수월성에 영감을 주기 위해 노력하는 다른 전문가들을 검색하는데 도움을 준다.

실천이 가능한 혁신적이며 효과적인 모든 아이디어를 동료교사들이 충분히 이해한다면, 실로 굉장한 일이 될 것이다. 그럴지라도, 영감을 주는 교사는 인내심이 없기 때문에 앉아서 사람들을 기다리지 않는다. 모두가 함께 여행에 초대받았으나, 영감을 주는 교사는 지금 한발 앞서 나가고 있다.

행정적인 지도력의 중요성

나는 영감을 주는 교사는 매우 유능하기 때문에 강력한 행정적인 지도력이 없더라도 성공하리라 믿는다. 그들은 상대적으로 적대적인 환경과 무지한 행정가를 만났을 때조차 여전히 자기 학생들에게 영감을 줄 수 있다. 영감을 주는 교사는 수년간 그런 일을 해왔다. 그렇지만, 영감을 주는 교사는 학교문화의 중요한 목적을 달성하기 위해서, 학교 행정가의 강한 지도력을 필요로 한다.

아직까지 협력적인 지도력이 부재한 학교에서 일하는 교사가 있다면, 이들은 몇 가지 방법을 선택할 수 있다. 하나는 간단한 것으로써, 현실을 있는 그대로 수용하여, 자기만의 특별한 교실 안에서 자기가 할 수 있는 것을 수행하는 것이다. 즉 자기가 수행하는 일에서 진정한 만족을 느끼고, 자기가 가르치는 학생들에게 영감을 준다. 대규모 사회변화에 영향을 주지 못하는 점을 인정한다면, 이 선택은 완벽하고 합리적이다.

자신의 영향력이 교실문 밖까지 확장되기를 원하면, 교사는 다른 선택이 가능하다. 먼저 행정에 참여하는 일부터 시작하라. 학생들에게 영감을 주었던 것과 동일한 교사의 특성은 역시 이 과정에서도 유용할 수 있다. 교사는 행정업무에 건설적으로 참여하여 행정업무와 긍정적인 관계를 형성할 필요가 있다. 이는 영감을 주는 많은 교사들에게서 찾아보기 힘든 애처로운 부분이다. 그들은 주저하는 학생들과 튼튼한 관계를 강화하는 데는 명수일지라도, 주저하는 행정가와 동일한 관계를 형성할 경우에는 말할 수 없는 어려움을 겪는다. 많은 교사들은 "행정가는 성인이고 상사이기 때문에 모든 것을 잘 알아야 한다." 라는 함정에 빠져 있다.

그런 생각은 사실일 수 있으나, 학교 개혁이나 관계 개선에는 아무런 도움이 되지 않는다. 이 점을 명심하라: 동료교사들이나 행정가를 포함하여, 모두 최선을 다하고 있다. 행정가에게 제시할 소중한 제안이 있다면, 또한 영감을 주기를 희망한다면, 긍정적인 업무 관계를 구축하는 일부터 시작하라. 제대로 하지 못하면 역효과가 날 수 있다. 일반적인 생각과는 달리, 정말로 에너지, 열정, 비전을 가지고 지도력을 발휘하기 원하지만, 기술과 용기가 부족해서 주저하는 행정가들이 있을 수 있다. 그러므로 학생들이 학습·성장해 가는 더 좋은 학교의 여행길을 만들어, 그 여행길로 교사들을 안내해 줄 것을 진정으로 바라는 사실을 행정가로 하여금 알도록 만든다면, 모든 사람들이 혜택을 얻게 될 것이다.

마지막 선택은 아예 교사가 다른 학교로 자리를 옮기는 것이다. 이는 상당히 심사숙고를 하지 않으면 실행이 불가능한 일이다. 학교의 질을 향상시키기 위해서 전력을 쏟는 학교가 많기 때문에, 행정가들은 교직원들을 신나는 여행길로 이끌기 위해 적극적인 대책을 펼치고 있다. 학교를 옮기려는 생각은 소스라치게 놀랄 일이지만, 교사에 따라서는 당연히 해야 할 일이다. 다시 말하지만, 경력상 중요한 변화는 신중히 생각한 후에 결정해도 늦지 않다. 특정 교사에게 전직은 최선을 다해 더 많은 동료교사들과 더 많은 학생들에게 영감을 주는 절호의 기회가 될 수 있다.

요약

영감을 주는 교사들은 동료교사들에게도 영향을 주기 원한다. 이 과정에서 가장 도움이 되는 첫 단계는 타인에게 영감을 주는 원리를 모델로 삼는 일이다. 시간이 지나면서, 동료교사들은 자기 직무에 더욱 만족하고, 학생들과 더욱 성공적으로 지낼 수 있는 방법에 관심을 나타낼 것이다. 학생들에게 영감을 주어 높은 학업성취를 얻기 위해서 꾸준히 연구·노력하는 교사들이 점점 늘어가고 있다. 이는 바람직스러운 현상으로써, 전문가들이 아이디어를 공유하여 상호 지원하는 일을 가능하게 할 것이다. 영감을 주는 교사는 행정가의 적극적인 지도력을 지원을 받아서, 장기적인 학교체제의 변화에 필요한 문화변화를 집합적으로 창조할 수 있다.

제 7 장
학부모와 동맹관계를 구축하라

학부모들은 학교에서 가장 소중하면서도 가장 소홀하게 평가되는 자원 중 하나이다. 오늘날 공교육과 교사에 대해 크게 실망하는 학부모들이 증가하고 있다. 최근 사립학교로 진학하거나 가정에서 교육을 받는 홈스쿨링의 학생수가 급증하는 현상은 이런 결과를 대변한다. 학교가 납세자의 세금으로 운영되기는 하지만, 전통적인 공립학교는 여러 가지 법적 규제를 받아왔다. 이에 반해, 협약학교(charter school)는 이런 규제를 거의 받지 않기 때문에 날로 그 명성을 더해가고 있다.

이런 현실에서 나는 심상치 않은 점을 발견했다. 공교육은 민주주의 사회의 초석이다. 사람들이 대안교육의 형태로 돌아가는 상황이 계속된다면, 사회는 아동교육의 바탕이 되는 교육의 기본 원리에 대해 새로운 합의를 모색해야 할 것이다. 아울러 사회변화에 부응하는 독특한 교육체제를 체계적으로 창조해야 한다. 그렇지 않으면, 재정적으로 여유 있는 학부모들은 전통적인 공립학교의 교육 경험과는 다른 교육 경험을 자기 자녀들에게 제공할 것이다. 이런 현상이 지속될 경우, 부유층의 자녀들은 대학진학이나 구직 등에서 공립학교 출신자에 비해 명백히 유리한 위치를 점하게 될 것이다. 결국 수입과 존경의 지표를 나타내는 사회적 지위 등이 극소수의 엘리트들에게 돌아가는 불평등한 사회가 전개되어, 민주주의의 실험은 종말을 맞게 될 것이다.

과장해서 하는 말이 아니다. 나는 미국 정부가 원활하게 기능하기 위해서는 대중들에게 양질의 교육을 제공하는 공교육 체제가 반드시 필요하다고 믿는다. 소수 민족은 항상 분리 교육을 받고 대중에게는 이용이 어려운 혜택이 제공되고 있다. 비록 이런 사람들이 소수일지라도, 사회체제는 합리적이며 효율적인 민주주의가 지속적으로 기능하도록 해야 한다. 하지만 소수 집단의 수가 점점 증가하는 추세여서 당장 효과적인 조치를 취하지 않으면, 사회구조가 크게 변화될 것으로 보인다.

교사집단은 공교육과 교사에게서 신뢰를 거두어간 학부모들의 마음을 되돌려 놓아야 한다. 학부모들의 마음을 되돌려 놓기 위해서, 교사들은 현재 학생들은 학교에서 훌륭한 교육을 받고 있으며, 자신들은 교직 업무에 정통한 전문가인 사실을 학부모들에게 인식시키는 방법을 찾아야 한다.

무엇이 잘못인가?

영감을 주는 교사는 현재 교사와 학부모가 겪고 있는 불편한 관계에 대해 결코 학부모를 비난하지 않는다. 그 대신, 그는 자신을 거울에 비춰보면서 "무엇이 잘못되어 가고 있는가? 왜 많은 학부모들이 교사를 불신하고, 학생들을 가르치기에는 교사가 덜 준비되었다고 생각하며, 교육적 대안에 절망하는가?" 라고 질문한다. 이런 질문에 대한 답을 찾는 과정에서 학부모들의 정확한 인식은 중요하지 않다. 학부모들이 믿기에, 공립학교 교사는 다른 분야에 종사하는 교사보다 헌신성과 경쟁력이 떨어진다면, 학부모들은 그런 인식을 바탕으로 행동하기 때문이다. 그러므로 학부모와 협력하여 강한 동맹관계를 구축하는 일이 상책이며 영감을 주는 교사의 유일한 목적이다. 이는 상호 존중과 협력의 특성을 나타낸다. 영감을 주는 교사는 통제할 수 있는 유일한 행동은 자기 행동이라는 사실을 잘 안다. 그러므로 그는 즉각적인 조치를 취해서, 학부모와 긍정적인 동맹관계를 끌어낼 조건을 찾아낸다. 그는 먼저 학부모가 조치를 취할 때까지 기다리지 않는다.

위협

교사와 학교는 물론 새로운 교육체제에 위협을 느끼는 학부모들이 의외로 많다. 교직원들은 문제가 발생할 때만 학부모와 접촉하는 경향이 있다. 이런 상황은 모든 단계의 학교에서 공통적으로 일어나지만, 특히 중등학교에서 흔한 일이다. 중등교사들은 많은 학생들을 가르치는 까닭에 학부모와 긍정적인 접촉을 하는데 큰 어려움이 따른다. 대부분의 교사들은 항상 학생들이 잘못을 저질렀을 경우에만 학부모를 찾는다.

학교에서 연락이 오면, 대부분의 학부모들은 무엇이 잘못되지 않았을까? 라는 걱정부터 하게 된다. 학부모들은 조심스럽고 방어적이 되기 때문에 강한 협력적인 업무 관계를 구축할 기회를 갖기가 어렵게 된다. 학교가 취하는 접촉을 학부모들이 조금 덜 부정적으로 인식하게 되면, 교사들의 사정은 한결 나아질 것이다.

왜 일반적으로 학부모들은 "학교에서 연락이 오면, 틀림없이 불길한 일이 있을 것이다"라고 추측하는가? 이는 대부분 학부모들의 경험에 따른 것이다. 교사가 전문가로서 학생들의 집에 전화를 걸었던 경험을 모두 회상해 보라. 이런 전화는 대부분 문제가 생겨서 걸었는가? 아니면, 만사가 잘 될 때 걸었는가?

대부분의 교사들은 주로 부정적인 이유에서 전화를 걸었다고 말했다. 교사들은 너무 많은 학생들을 가르치기 때문에, 충분한 시간이 없다고 하면서 그들의 행동을 정당화하기에 급급했다. 나는 교사들이 최선을 다하는 점을 알기 때문에, 그들의 설명은 타당하리라고 믿는다. 하지만 학부모와 좋은 관계를 형성하려면, 교사는 "학부모와 어떤 유형의 관계를 형성하기를 원하는가? 학부모들이 교사와 학교에 대해 어떻게 인식하기를 원하는가? 현재 교사가 학부모를 대하는 방식, 예를 들어, 문제가 발생할 때만 학부모에게 전화하는 것

등은 교사가 원하는 것을 얻는데 도움이 되는가?" 라는 질문을 해야 한다. 교사들은 모두 바쁘다. 그런 사실을 핑계로 내세운다고 해서, 학부모들과 긍정적 · 협력적 관계를 형성하는데 도움이 될 것 같지 않다. 교사들의 행동이 학부모와 원만한 관계를 형성하는 데 얼마나 효과적인지 교사들이 제대로 평가하지 못하는 일이 없도록 하라.

학부모와의 일반적인 접촉방법이 교사에게 별 도움이 되지 못한다는 결론에 이르렀으면, 교사는 무엇을 할 수 있는가? 상황을 치유하는 방법은 여러 가지가 있다. 나는 당장 시작할 수 있는 두 가지 방법을 제안할 것이다. 영감을 주는 교사는 항상 스스로 해결책을 강구하여 직무를 생산적으로 처리하기 때문에, 너무 많은 것을 제안하지 않을 것이다. 나는 교사들이 내 제안을 더욱 정교화 하여 자기 욕구와 스타일에 맞도록 변경하고, 거기에 창의적인 사고를 더하기 바란다.

정기적으로 학부모 전원에게 긍정적인 전화 접촉을 하는 교사들도 있다. 대화 관리를 위해, 교사는 학부모들에게 몇 분간의 짧은 통화를 하겠다고 양해를 구한 후, 긍정적인 협력관계로 발전하기 바란다는 사실을 분명하게 전한다. 통화의 어조는 밝고 전문가적이며, 통화 내용은 자녀들이 성공적인 학생이 되기 바라는 교사와 학부모의 좋은 세계의 비전 개발에 초점이 맞춰져 있다. 교사와 학부모라는 중요한 두 사람이 아동의 생활에 영향을 주게 되면, 양자는 상대방과 상호협력할 수 있는 방안을 의논하기 시작한다.

이런 통화의 가치를 무시하기는 어렵다. 오직 자기 자녀가 성공하기 바라는 마음에서, 일부러 시간을 내서 학부모에게 접촉하는 교사에게 학부모는 매우 감동한다. 이런 이유로 인해서 학부모들은 적어도 학기가 진행되는 동안 교사와 협력하게 된다. 또한 나중에 문제가 발생하여 교사가 그들과 접촉할 경우, 이미 구축된 긍정적 대화는 교사가 학부모들과 협력적으로 일하는데 큰 도움이 된다. 학부모들은 방어적이 되는 대신, 더욱 동기가 부여되기 때문에, 만사가 쉽게 풀려나갈 수 있다.

중등교사들은 학생들이 학부모와의 전화 접촉을 껄끄럽게 만들기 때문에, 심적 부담감을 느낄 수 있다. 영감을 주는 교사는 창의적인 방법을 개발하여 이런 상황을 관리한다. 예를 들어, 학생들이 집단을 구성하게 되면, 각 집단의 교사들은 학부모들과 접촉할 책임을 공동으로 분담할 수 있다. 통화 도중에 교사는 자기 자신과 전체 교사 집단의 입장을 대변하여 말하고 있으며, 그들은 모두 학부모와의 성공적인 협력을 원하는 사실을 분명하게 한다.

전화 통화에 너무 많은 시간이 소요하게 되면, 학부모에게 편지를 보내는 것도 유용하다. 편지를 쓰는 목적은 학부모들의 마음을 움직여서 동맹 관계를 구축하는 것임을 기억하라. 특별한 내용을 포함하지 않도록 하라. 동역자(partnership)를 마음에 새길 수 있는 내용을 쓰도록 하라. 편지는 가능하면, 사적인 내용을 충분히 쓰도록 하라. 학부모에게 보내는 사적인 편지는 교사가 한 개인으로서 그들을 위해 상당한 시간 동안 준비한 것임을 분명하게 전달할 것이다. 교사가 학부모와 자녀들에게 큰 관심을 갖는다는 강력한 메시지는 결코 양자의 관계를 훼손하지 않을 것이며, 그것을 더욱 중요하게 할 가능성이 높을 것이다.

교사와 학부모 간의 전화 접촉 이외에, 학교에서 열리는 회의(school meeting)도 종종 학부모에게 위협을 느끼게 한다. 나는 6~10명의 교육 전문가와 단 1명의 학부모로 구성된 회의에 여러 차례 참석한 적이 있었다. 특히 학교 회의는 종종 학생들이 상당히 어려운 문제에 직면해 있기 때문에 열린다는 점을 고려하여, 학부모가 이를 어떻게 생각하겠는지 상상해 보라. 교사들과 분위기에 익숙한 전문가들로 가득 찬 회의장에 학부모는 혼자 앉아 있다. 교사와 마찬가지로 학부모는 유능하게 느껴지려는 권능의 욕구가 있다. 이런 상황에 있는 학부모라면, 아마 무능함을 느끼고 이런 불편함에서 자신을 보호하기 위해서 온갖 수단과 방법을 동원해 적극적으로 반응할 것이다. 교사를 비난 · 비판하는 학부모도 있고, 교사와 동맹 관계를 발전시키기 위한 자구책으로 자기 자녀를 호되게 꾸짖는 학부모도 있을 것이다. 또한 거의 무기력할 정도로 조용히 앉아서 회의가 끝나기만 기다리는 학부모도 있을 것이다. 어쨌든 이런 상황이라면, 성공적인 회의는 꿈조차 꿀 수 없게 된다.

그렇다면, 어떻게 해야 학부모가 학교 회의를 덜 위협적으로 느끼면서 매력적으로 생각하겠는가? 첫째, 회의 참석자 수를 제한하라. 둘째, 학부모가 긍정적이며 신뢰 관계를 맺고 있는 교직원 중 적어도 한 명 이상을 회의에 참석시켜라.

셋째, 회의를 주재하는 사람은 회의의 목적을 분명히 밝히도록 하라: 학생들이 학교에서 더욱 성공적인 학습을 하도록 돕는 것. 회의 참석자들을 그런 방향으로 안내할 수 있는 말이라면 어떤 말도 환영할 것이다. 비난과 논쟁을 포함하여, 거의 가치 없는 것은 어떤 말이라도 삼가해야 한다.

최근 한 학교는 교직원 회의에서 교사들이 서로 돌아가면서 "학부모의 역할"을 하는 프로그램을 실행했는데, 그 결과가 상당한 주목을 받았다. 회의 참석자들은 학부모와 비슷한 관점에서 이야기를 듣는다. 교사들은 내성적인 학부모가 질문할 것을 두려워하거나, 정보를 얻지 못한 학부모라면, 엄두도 내지 못할 그런 질문을 던진다. 이런 과정은 실제 학부모의 행동과 관계없이, 학부모의 중요한 견해가 논의되도록 보장한다.

한 교사가 "어떻게 하면, 학부모가 위협을 느끼지 않고, 교사와의 동역자 관계를 자발적으로 구축하여, 학생들의 이익을 위한 행동을 할 수 있겠느냐?" 고 나에게 물었다. 그에게 대답한 것처럼, 개인적으로, 또는 동료교사와 연대하면, 더욱 긍정적인 방향으로 나갈 길을 발견할 것이다.

공포심

공포심은 수월성과 생산성을 가로막는 가장 심각한 걸림돌 중 하나다. 교사는 학부모와 생산적인 회의를 원하기 때문에, 공포가 드리워진 환경은 명백히 비생산적일 수밖에 없다. 교사의 선의와는 달리 학부모는 학창 시절의 경험으로 인해서, 여전히 교사를 두려워하며, 교사와 함께 참여하는 회의에서 공포심을 느끼게 된다. 이런 점을 알고 있기 때문에, 영감을 주는 교사는 사람을 대할 경우, 내내 공포심을 최소화할 수 있는 모든 조치를 취한다.

출발점에서는 교사의 안내말이 도움이 된다. 하지만 학부모가 교사를 믿어 주기 바란다면, 교사는 반드시 행동을 통해서 그것을 뒷받침해 주어야 한다. 교사는 항상 정중하고 진실하게 말해야 한다. "학교에서 자녀들이 겪는 고통을 놓고 협의하는 이 회의가 특히 학부모님께 어려울 수밖에 없는 점을 이해합니다. 저희들은 학부모님과 협력하여 자녀들이 성공하는 학생이 될 수 있기를 원합니다." 이런 진실이 담긴 교사의 말은 교사나 교직원에 대한 학부모의 신뢰를 회복시킬 수 있다. 회의에 참석한 학부모는 정말 교사가 자기 자녀의 복지를 위해 협력하여 일할 것으로 믿고 회의장을 떠날 것이다. 교사가 말하는 것이 진정이라면, 그는 자신의 말을 신중하게 선택하여, 그가 맺은 어떤 약속도 지켜야 한다. 시간이 지나면서, 교사는 진실을 말하며, 학생들의 향상을 위해서 학부모와 진정으로 협력하는 사람이라는 명성을 얻게 될 것이다. 이렇게 되면, 학부모는 교사를 더욱 신뢰하여 교사에게서 공포심을 덜 느끼게 된다.

겸손한 행동

워크숍을 시작할 때마다, 나는 교사들에게 워크숍 지도자에게서 느끼는 불쾌한 행동을 솔직하게 말해 달라고 요청한다. 교사들은 항상 "겸손한 척 하지 마라. 얕잡아 보고 말하면, 정말 싫다. 그런 행동을 하면, 정말 역겨워질 것이다."라고 말한다. 학부모들도 이런 교사들과 하등 다르지 않다. 교사가 학부모를 얕잡아 보고 과소평가하면, 학부모도 교사를 싫어하게 된다. 이런 경우라면, 교사는 학부모에게 중요한 정보를 제공하여 그들과 협력 체제를 구축할 기회는 생각할 수도 없을 것이다.

겸손해지는 방법은 여러 가지가 있다. 어떤 전문가들은 전문 용어를 즐겨 사용하여 전문 분야 밖에 있는 사람들을 어리둥절하게 만들기도 한다. 종종 겸손한 행동은 어조, 신체 언어, 그리고 사람들에게 인정을 받는 때와 방법 등을 포함하기 때문에 매우 미묘한 면이 있다. 교사의 접근 태도가 겸손한지 알아보기 위해서는 "내가 이 회의에 참석한 학부모였다면, 집단의 한 소중한 성원으로 느껴지는지, 이 회의장의 다른 모든 사람들처럼 존중받는 누구인지, 아니면, 평범한지, 후원을 받는지, 그리고 동석은 하지만 나는 존경받지 않기 때문에, '참아야 하는 존재' 인지?" 질문해 보라. 그 대답은 이후 교사가 취할 필요가 있는 행동을 알려줄 것이다.

"이 학부모들은 관심이 없다"

"이 학부모들은 관심이 없다"라는 말은 교사의 말 중 가장 무익한 것 중 하나이다. 이는 증명할 수 있는 사실이 아닌 하나의 가정에 불과하며 거의 모든 경우, 이는 분명히 비합리적이다. 25년 간 공교육 기관에서 일하면서, 나는 부모로서 갖추어야 할 능력이 현저히 떨어지는 학부모는 많이 만났으나, 내가 "이 학부모들은 관심이 없어" 라고 말할 수 있는 학부모는 한사람도 만나 본 적이 없다.

교사도 학부모이기 때문에, 이런 말이 얼마나 오류투성이인지 경험으로 잘 알고 있다. 심지어 학부모가 아닌 사람조차도 부모가 되는 것이 어떤 것인지 아마 충분히 상상할 수 있을 것이다. 좋은 학부모인지 또는 나쁜 학부모인지, 훌륭한 교육을 받은 학부모인지, 또는 교육을 잘 받지 못한 학부모인지, 경제적으로 넉넉한 학부모인지, 또는 경제적으로 궁핍한 학부모인지, 양부모인지, 또는 편부모인지에 대해 교사가 어떻게 말하더라도, 자기 자녀가 성공하기를 바라는 것은 모든 학부모의 한결같은 마음이다. 학부모가 자기 희망을 명확하게 표현하는데 능숙하지 못해서 교사가 그것을 이해하는데 어려움이 있을 수 있으나, 정말 학부모는 자기 자녀에게 각별한 관심을 갖는다.

영감을 주는 교사는 "학부모를 무관심하다고 간주하는 것이 나에게 도움이 되는지? 학부모가 관심은 있으나 내가 중요하게 여기는 것에 대한 정보가 없거나 어떤 면에서 조금 미숙하다고 간주하는 것이 더 합리적이며 도움이 되는지?" 자신에게 묻는다. 후자의 접근방식은 교사가 학부모를 더욱 긍정적으로 평가하기 때문에, 교사는 학부모와 더욱 편안한 마음으로 협력하여 일할 수 있다. 이는 교사의 역할을 명확하게 해준다. 이렇게 될 경우, 교사는 학부모에게 추가적인 설명이나 정보를 제공하여 더욱 효과적인 학부모가 되도록 돕게 된다.

"학부모는 자신이 교육전문가라고 생각한다"

학부모들은 학교를 다닌 경험이 있기 때문에 교육 분야에 대해 많이 알고 있다고 생각한다. 교직 이외의 타전문직 종사자들은 매우 자율적이며 독립적이다. 의사에게 질문을 할 정도로 자신이 약에 대해 많이 안다고 믿는 환자는 거의 없다. 법률 의뢰인들은 법에 대해서는 변호사가 자기보다 훨씬 더 많이 안다는 사실을 당연히 인정한다. 교사들은 흔히 학부모들이 아는 것도 없으면서, 자기 주장만 내세운다고 불평한다. 실제로 이런 학부모들은 교사라면 다 알고 있는 효과적인 교육 실천 방법에 대한 기초 지식조차 없는 경우가 허다하다. 물론 최근 연구에 대한 정보도 전혀 가지고 있지 않다. 그럼에도 불구하고, 학부모들은 상당한 기간 동안 학교를 다닌 덕택에 교육에 대해서 많이 안다고 자만한다.

영감을 주는 교사는 이런 학부모들과 매우 효과적인 상호작용을 한다. 그는 인간은 내적 동기에 따라 움직이며, 학부모들의 행동과 태도는 누구도 통제할 수 없는 것임을 알기 때문에, 학부모와 잘 지낼 수 있는 효과적인 행동을 선택한다. 그는 자기 목적에 집중한다: 긍정적인 협력관계를 형성·유지하는 일. 그는 학부모를 자녀에 대해 관심을 갖는 보호적인 존재로 인정한다. 학부모와 합의할 수 있는 영역을 찾아내서 공통된 좋은 세계의 비전을 만드는 일은 그들을 비난하는 일보다는 훨씬 더 유익하다.

일단 긍정적인 관계가 형성되면, 학부모는 영감을 주는 교사의 조언을 적극적으로 수용할 것이다. 영감을 주는 교사는 학부모와 긍정적인 관계를 확립했기 때문에, 완고한 학부모에게조차 신뢰를 유지할 수 있다. 또한 학부모들에게 정보를 제공하여 교사와 교육에 대한 인식을 변화시킬 수 있다. 특히 영감을 주는 교사는 가르치는 일이 얼마나 어렵고 복잡한지 학부모들이 깨닫도록 만든다. 그는 학부모에게 최신의 학습방법에 대해서 교사가 알아야 할 것이 얼마나 많으며, 어떤 학습 환경의 유형이 가장 교육적으로 효과적인지를 설명한다.

완고하고 말이 많은 학부모일수록, 자기 자녀의 교육에 대해 더욱 열정적이기 때문에, 교사의 가장 든든한 동맹자가 될 가능성이 높다. 교사가 할 일은 학부모를 안내하고 교육하여 학부모로 하여금 스스로 앞장서서 교사가 하는 일에 적극 협력하도록 주장하게 만드는 것이다. 교사가 학부모와 긍정적인 관계를 발전시키는 방안을 찾게 되면, 그들은 거대한 반대세력이 아닌 교사에게 소중한 동맹세력으로 남게 된다.

"학부모들은 교사를 지원하지 않는다"

교사들 사이에 회자되는 일반적인 비난의 소리는 학부모와 지역 공동체가 교사를 지원하지 않는다는 것이다. 교육 프로그램의 유지·개선을 위해서 요구되는 예산을 유권자들이 제공하지 않기로 결정할 경우, 이런 지원의 부족을 크게 느끼게 된다.

일반적으로 교사들이 비협력적인 지역 공동체를 비판·비난하면서 집단적인 절망과 분노에 빠지기는 쉬운 일이다. 하지만 영감을 주는 교사는 "교사가 어떤 일을 했고, 어떤 일에 실패했기에 학부모와 지역 공동체가 교사를 외면하게 되었는가?" 라고 질문한다. 교사들은 대부분의 경우, 지원이 부족한 원인은 교사가 학부모는 물론 지역사회와 취약한 관계를 유지한 데서 비롯된 결과라는 점을 알고 있다. 교사들은 납세자들에게 교육 예산의 중요성을 제대로 설명하는데 실패한 점을 인정한다. 영감을 주는 교사는 비생산적인 불평의 악순환에 매어 있기보다, 지역주민과 연대하는 길을 모색한다. 더 큰 지원을 얻어내기 위해서, 그들은 지역 공동체와 연대하여 더 좋은 관계를 형성하기 위해 노력한다.

나는 항상 학교에서 일어나는 일과 기업의 일이 크게 다르기 때문에, 교육과 기업 간의 유사점을 찾는 일을 가급적 피하려고 한다. 그럴지라도, 이 경우에는 기업과의 비교가 도움이 될 것이다. 학부모와 투표권을 행사하는 지역 공동체는 교사의 고객을 대표한다. 교사가 학부모와 지역 공동체를 대하는 것처럼, 고객들을 소홀하게 대하는 기업이 있다면, 그 기업은 성공하겠는가? 교사들은 종종 그들에게 예산을 공여하는 사람을 잊는 일이 많다. 교사들은 납세자의 덕분으로 존경과 대우를 받는다. 교사들이 소외를 느낀다면, 역시 참여가 가능하다. 선택은 교사들 손에 달려있다.

좋은 세계의 비전을 공유하라

학부모와 성공적으로 일하기 위해서는 공통적인 좋은 세계의 비전을 개발해야 한다. 인간의 동기는 자신의 좋은 세계에 어떤 그림을 그리느냐에 따라서 유발되기 때문에, 성공적인 관계는 공통 그림을 개발하는 당사자들의 능력에 기초한다. 학부모는 이 중요한 사실을 잘 알 수 없으나, 영감을 주는 교사는 이를 이해 · 이용하여 학부모들과 긍정적 · 협력적인 관계를 형성한다.

학부모가 중요하게 여기는 목적에 교사가 집중하게 되면, 학부모와 효과적으로 일하기는 그다지 어렵지 않게 된다: 생산적 · 성공적인 학생. 여러 가지 점에서 교사와 학부모의 의견이 다를지라도, 이 기본적인 합의 영역은 효과적인 동역자 관계를 형성하는 바탕이 된다. 생산적 · 성공적인 학생이라는 공통 비전을 갖는다면, 교사는 대부분의 난관을 극복할 수 있지만, 반대의 경우라면, 성공적인 관계유지는 매우 어렵게 된다.

공통적인 좋은 세계의 비전을 한 곳으로 집중하는데 특별히 어려운 일은 없다. 우선 영감을 주는 교사는 학생들이 생산적·성공적으로 되기 원하는 점을 학부모들에게 솔직하고 분명하게 말해야 한다. 교사는 이 비전이 교사와 교사의 행동에 동기를 부여하여 결국 학생과 학부모에게 유익하게 된다는 점을 설명해야 한다. 일단 학부모들이 영감을 주는 교사도 역시 학부모가 원하는 것과 동일한 것을 원한다는 사실을 이해하게 되면, 교사가 학부모와 협력하여 일하기는 비교적 수월해질 것이다. 학부모의 불신감, 공격성, 의심 등은 더 감소하고, 협력은 더 증가할 것이다. 세세한 문제를 놓고서는 반대가 있을 수 있으나, 양 당사자가 동일한 것을 원하는 사실을 확인하게 되면, 그런 일은 쉽사리 해결된다.

교사가 학부모들과 공통적인 좋은 세계 비전을 개발할 때, 학생들의 의견을 고려하는 것이 중요하다. 학부모와 교사가 협력하여 일하는 모습을 보는 것만으로도 학생들에게는 도움이 될 것이다. 하지만 결정적으로 중요한 것은 교사와 학부모가 오직 학생의 복지를 위해서 협력하여 일한다는 학생들의 믿음이다. 학부모와 동맹관계를 형성하는 이유는 학생들을 유익하게 하는 것임을 기억하라. 만약 학생들이 교사와 학부모의 협력 관계를 성인들이 학생들과 대항하기 위한 세력규합 정도로 믿게 되면, 그 결과는 재앙이 될 것이다. 학생들은 무력감을 느끼고 학부모와 교사가 어떤 노력을 하든지 방해할 궁리만 하게 될 것이다.

"당신이 당신의 자녀를 가장 잘 안다"

사람들은 모두 욕구-만족적 환경에서 가장 높은 성과를 올린다. 학부모는 자신이 제공한 정보를 교사가 신중하게 선택하여 사용한다고 믿게 되면, 자신을 소중한 존재로 느끼게 되어 교사와 학부모의 관계는 향상될 것이다. 학부모는 교사에 대한 원조를 아끼지 않을 것이고, 교사는 교실에서 더욱 효과적으로 학생을 가르치게 될 것이다. 영감을 주는 교사는 자녀들이 가장 좋아하는 학습방법, 가장 성공했거나 실패한 전략 등과 같은 정보를 학부모들에게 요구하면 유용한 점을 알고 있다. 학기 초에 가정으로 보내는 가정통신이나 질문지는 이런 점에서 효과적이다.

역시 학생들에게 자기 정보를 요구하는 방법도 유용하다. 그들이 가장 좋아하는 학습방법은 무엇인가? 가장 효과적인 학습 전략은 무엇인가? 바꾸어 말하면, 교사가 오직 학부모와 의사소통만 하고 학생들을 참여시키지 않으면, 많은 학생들이 무력감과 단절감을 느끼게 된다.

방문자는 환영한다

많은 학부모들은 학교에서 환영받지 못할 것으로 생각한다. 그들은 종종 교사가 자신을 만나기 꺼려하는 인상을 받기도 한다. 이런 학부모는 몇 가지 행동상의 특성을 나타낸다. 즉 일반적으로 학교와 학부모 간의 관계가 소원해지고,

자녀의 학업에 대한 직접적인 지원을 더 줄이게 된다. 경우에 따라서 그들은 교사는 존경하지 않아도 된다는 식으로 자녀에게 말하면서, 학교에 대해 부정적인 태도를 취한다. 또한 학교에 대한 재정 지원을 중단한다. 예산 감축은 교사의 봉급에 영향을 주고, 학생들이 사용할 교육 자원을 감소시키는 등 좋지 않은 결과를 가져온다.

영감을 주는 교사는 학부모의 방문을 환영할 뿐 아니라, 촉진하는 점을 명확하게 해둔다. 학부모들이 학교를 방문하는 시점은 역시 자녀에게 문제가 발생했을 때가 가장 많다. 학교에 따라서는 학부모의 방문을 교사와 학부모가 함께 손잡고 학생을 처벌하는 수단으로 이용하기도 한다. 이는 영감을 주는 교사라면 반드시 피해야 할 협력의 종류이다. 그 대신 교사는 학부모의 교실방문을 일상적으로 만든다. 학부모가 교실 풍경의 일상적인 부분으로 자리 잡게 되면, 학부모의 방문이 처음에 가졌던 신기성이 크게 낮아지기 때문에, 학생들은 거의 자기 학업에만 집중하게 된다.

혹시 방해될 수 있는 학부모의 방문을 예방하기 위해서, 영감을 주는 교사는 적절한 제약 조건을 미리 알려준다. 하지만 학부모는 여전히 환영받는다. 많은 교사들은 학부모들이 교실을 방문할 경우, 그들에게 몇 가지 도움을 요청하는 것이 효과적임을 안다. 이런 전략에는 몇 가지 장점이 있다. 성인 방문자들이 교실에서 관찰만 하는 것이 아니라, 도움이 되는 일로 바쁘게 움직여 주면, 교사는 더욱 편안하게 느낀다. 물론 학부모도 당혹감을 덜 느낄 것이다. 학부모는 교사가 얼마나 열심히 노력하는지, 성공적인 수업과 관련된 요인이 무엇인지, 영감을 주는 교사가 얼마나 유능한지, 더욱 확실하게 이해하게 된다.

비록 학부모를 환영하는 교실이더라도, 교사는 여전히 합리적인 한계선을 정한다. 특정한 날이나 특정 시간에는 방문이 어렵다고 학부모들에게 말하는 것은 양해가 가능하다. 교사에게는 이미 방문할 사람이 있거나 방문객에게 방해를 받아서는 안 되는 예정된 수업활동이 있을 수 있다. 학부모는 자기 자녀의 교육을 향상시키는 불가피한 조치라는 점에서 제한적인 방문의 필요성을 충분히 이해한다.

전문가로서 학부모

특정 분야의 전문가인 학부모가 교실을 방문하면, 학습을 향상시키고, 튼튼한 교사-학부모 관계를 구축하는데 도움이 된다. 학생들이 단순히 고고학의 서적을 읽는 것보다 진짜 고고학자를 만나는 것이 교육적으로 더욱 풍부하고 유의미한 일이다. 영감을 주는 교사는 현재 학습 중인 과제를 더욱 깊이 이해하기 위해서, 수업시간에 전문가를 초대하는 것은 학생들과 학부모에게 모두 즐거운 일임을 홍보한다.

이런 방문의 유형은 "진로지도의 날(career day)"과 는 다르다. 이는 학부모가 학교를 방문하도록 하는 좋은 방법으로써, 현재 진행 중인 학습과는 아무런 관련이 없는 독립된 행사이다. 학부모의 방문 효과를 극대화하기 위해서는 계획적인 "진로지도의 날" 은 물론 가장 적절한 시기에 전문가로 하여금 교실을 방문하도록 초대하라.

교사가 지역사회의 타전문가를 초대하여 학생들과 이야기를 나누도록 자리를 만드는 것은 매우 당연한 일이다. 이런 전략은 학교와 전 지역사회 공동체를 연결하는데 크게 기여할 수 있다. 학생들은 수업시간에 배우는 학습내용을 더욱 확실히 알 수 있기 때문에 명백한 혜택을 얻는다. 지역 공동체의 성원들은 정말 가치 있는 방법으로 학교를 지원할 수 있는 기회이기 때문에 크게 감사한다. 동시에 그들은 영감을 주는 교실에서 일어나는 재미있는 학습을 관찰할 기회도 얻게 된다.

자원봉사자의 활용

교사가 자원봉사자를 교실로 초대해서 도움을 받게 되면, 학부모와 전 지역 공동체의 관계가 더욱 강화된다. 자원봉사자들은 가장 열렬한 교사의 후원자들이다. 그들은 교사가 얼마나 열심히 가르치며, 가르치는 일이 얼마나 어려운 것인지 잘 안다. 그들은 교사가 하는 일에 늘 감사하기 때문에, 교육의 공적인 지원(public support)을 적극 주장한다.

자원봉사자 프로그램이 효과적으로 운영되기 위해서는 자원봉사자가 교사를 돕는 방법을 명확하게 알도록 안내하는 일이 무엇보다도 중요하다. 잠재적 자원봉사자들은 자신에 대한 기대가 불분명하면, 학교일에 깊이 관여하지 않으려고

한다. 그들은 자기가 수행하도록 요청받을 일이나 원조할 수 있는 능력의 수준을 잘 알지 못하면 불안감을 느낀다. 자원봉사자를 모집할 경우, 교사는 필요한 봉사의 종류, 시간 약속, 요구되는 능력 등을 자세하게 밝혀야 한다. 학교 자원봉사자들에게 일종의 재교육을 실시하는 학교가 증가하고 있는데, 이는 매우 가치 있는 일이다. 학교가 기대하는 봉사활동에 대한 분명한 그림이 주어진다면, 망설이는 수많은 학부모들은 열정적으로 교사를 후원하는 자원봉사자가 될 것이다.

요약

영감을 주는 교사는 학부모들이 학교의 소중한 자원임을 안다. 교사는 더 많은 학생들의 성공을 지원하는 관계를 형성하기 위해서, 학부모들을 교육의 과정에 의도적으로 참여시킨다. 교사는 학부모에게 정보 제공을 요청하며, 나아가 학교는 학부모를 환영하는 곳임을 학부모에게 분명하게 이해시키는 방안을 강구한다. 영감을 주는 교사는 아동교육을 위해서 헌신하기 때문에, 수업의 질을 향상시키기 위해서 학부모의 전문성을 활용한다. 또한 그들은 학부모들을 학교 자원봉사자로 초대한다. 결국, 학부모는 소중하고 존경받는 존재로 느끼게 된다. 이런 환경 속에서, 영감을 주는 교사는 학생들을 위해 공헌하는 학부모와 긍정적인 동맹관계를 형성·유지한다.

제 8 장
갈등 관리

갈등은 어떤 관계에도 존재한다. 갈등을 피하는 유일한 방법은 관계를 피하는 것이다. 사람들이 진정한 관계를 형성하려고 할 때, 한 쪽은 원하나, 다른 쪽이 원하지 않을 경우, 다른 쪽이 원하지만 한 쪽이 원하지 않을 경우가 있을 수 있다. 사람은 모두 상이한 좋은 세계의 그림에 이끌리는 경향이 있기 때문에, 갈등 관리의 목적은 갈등을 제거하는데 있지 않다. 갈등의 제거는 관계를 단절하거나 완전한 진실이 아닌 조금 덜 진실한 것이 될 것을 요구하기 때문이다. 어디까지나 갈등 관리의 목적은 상호 존중하면서 성장 · 향상하는 방식으로 갈등을 관리하는데 있다. 이 장의 강조점은 직업 환경에서 발생하는 갈등 관리에 있으나, 그 과정은 개인이나 직업 등 어떤 관계에도 적용이 가능하다.

영감을 주는 교사는 인간 상호간의 갈등을 부정적인 상황으로 보지 않는다. 실제로 관리를 잘 하면, 갈등은 성장을 향상시킨다. 갈등이 주는 유익함이 없다면, 사람들은 안락한 지역(comfort zone)에만 머물려고 할 것이기 때문에, 결코 배우고 성장할 기회를 얻지 못할 것이다. 갈등은 인간관계의 수평선을 확장하여 지식과 기술을 증가시킨다.

비록 명확한 성과가 없더라도, 효과적인 갈등의 관리는 성장을 향상시킨다. 만약 특정 관점을 지지하는 경험을 변경하지 않고 고수한다면, 대안적 관점을 충분히 이해한 것으로 볼 수 있기 때문에, 개인의 신념은 더욱 튼튼해질 것이다. 만약 정직하고 사려 깊은 대화에서 설전을 벌린 결과, 개인의 관점을 바꾸었다면, 유익함을 얻어 성장했을 것이다. 두 경우 모두, 갈등 상황의 정중한 해결은 성장으로 이어진다. 그것이 어떤 결과를 초래하든지 관계없이, 심지어 효과적인 갈등 관리가 긍정적인 결과를 초래할 때조차, 많은 사람들이 단호히 갈등을 피하려는 것은 나에게 매우 흥미로운 일이다.

상생적인 결과 성취

일반적으로 인간 상호간에 일어나기 쉬운 갈등은 승리/패배(win/lose), 패배/승리(lose/win), 빈약한 승리(kind of win/빈약한 승리(kind of win), 승리/승리(win/win) 등 4가지 유형으로 나타난다.

위의 두 상황, 즉 승리/패배와 패배/승리는 한 쪽만 승리하고 다른 한쪽은 패배하는 경우다. 불행하게도 대부분의 사람들은 이런 식으로 갈등을 해결한다. 심지어 소위 승자라고 부르는 사람들도 이 상황에서는 패자가 된다. 나는 협력을 포함한 소속의 욕구에 이끌리기 때문에, 비록 내가 타인과의 갈등에서 승리하더라도 여전히 내 마음은 괴로울 것이다. 이 경우, 권력에 대한 내 욕구는 더욱 강해지지만, 협력에 대한 내 욕구는 더욱 절망할 것이다. 사람들이 완전한 승리라고 부른다고 해서, 총체적으로 만족스런 것은 아니다. 사람들은 권력과 성취 욕구를 가지고 있기 때문에 패배하면 괴로워한다. 패자에게 어떤 의미를 부여하더라도, 그것은 긍정적이거나 건강한 관계를 형성하는 데 도움이 되지 않는다. 나와 타인의 관계에서 사람들은 약하게 느끼기 때문에, 오직 "동점(even the score)"을 향해 전진하게 된다. 이는 인간관계에 경쟁적 요소를 도입하여 협력적 능력을 방해한다. 더구나 그 관계는 필연적으로 욕구-만족 수준을 떨어뜨린다. 인간관계에서 욕구-만족 수준이 떨어질수록 탁월한 성취는 더욱 낮아지게 된다.

위의 두 결과가 매우 만족스럽지 못하다면, 왜 갈등에 처한 대부분의 사람들은 갈등을 초래하는 행동을 취하는가? 갈등은 권력 욕구와 직접적인 관계가 있다. 사람들이 먼저 고려하는 행동은 권력 욕구를 충족하기 위해서 계획된 것이다. 그 목록 안에는 경쟁적 "권력 지배(power over)" 행동이 다수 포함되어 있다. 사람들이 "권력 지배"의 개념을 광범위하게 이해하여 "권력 공유(power with)"의 개념을 포함시키지 않으면, 그리고 긍정적 관계를 유지하면서, 갈등관리의 기술을 개발하지 않으면, 대부분의 사람들은 곧 경쟁적인 "권력 지배" 행동으로 나갈 것이다. 이는 불가피하게 승자와 패자를 만들어 낼 수박에 없다. 일단 사람들이 더욱 포괄적인 권력의 개념을 개발하고 소속감의 중요성을 배워서, 장기간성공적인 관계를 유지하게 되면, "권력 지배" 행동의 매력은 떨어질 것이다. 따라서 사람들은 중요한 관계를 훼손하지 않으면서, 권력을 성취하는 대안을 고려하게 된다.

빈약한 승리/빈약한 승리의 상황에서 당사자는 자신이 원하는 것을 상당 부분 나누어 갖는다. 그들은 합의를 통한 해결을 위해서 각자가 원하는 몫을 기꺼이 포기할 것이다. 이 과정의 본질은 타협과 협상이다. 타협과 협상은 승리/패배와 패배/승리의 모델을 상당히 진전시킨다. 여기에 참여하는 사람들은 이 관계 안에서 자신이 명백한 승리를 얻어낼 충분한 권력이 부족하기 때문에, 오직 그런 행동을 할 뿐이다. 갈등의 전망이 장기간 계속되면, 그들은 타협과 협상을 주저하게 된다. 하지만 거의 모든 협상의 목적은 되도록이면 원하는 것을 더 많이 얻어내고, 더 적게 양보하는 것임을 명심하라. 승리와 패배가 완전히 결정되지 않았을지라도, 이런 과정에는 여전히 승자와 패자가 있기 마련이다. 상대방에게 더 적게 양보하고 자기가 원하는 것을 더 많이 얻은 사람들은 승자처럼 느낀다. 더 많이 양보한 사람이 자기 비전을 구현할 수 있다면, 어떤 것에도 감사해야겠으나, 그들은 여전히 패자로 생각한다.

타협과 협상의 과정은 승자/패자와 패자/승자의 모델처럼 동일한 결과를 여러 가지 방식으로 만들어 낸다. 덜 만족한 사람들은 다음 기회가 오면, "그 빚에 대한 복수"를 하겠다고 벼를 것이다. 예를 들어, 노사분규에 참여하여 타협으로 해결한 경험이 있는 사람들에게 질문해 보라. 일반적으로 참가자들은 협상 과정에 불만을 품고, 상호 불신감을 키우면서 자리를 떠날 것이다. 영원히 손해 보는 것이 아니라면, 중요한 협력 관계는 팽팽한 긴장을 유지할 것이다. 빈약한 승리/빈약한 승리의 모델은 명백한 승자와 패자의 모델보다 더욱 선호되겠지만, 확실히 그것은 만족과는 거리가 먼 것이다.

오직 진정한 승리/승리의 모델만이 모든 당사자가 긍정적인 감정을 가질 수 있는 유일한 갈등관리의 방법이다. 이 모델과 상호 일치하지 않는 사실을 당사자가 알게 되면, 상호 협력을 통해 양자가 원하는 것을 모두 포함하는 좋은 세계의 그림을 개발한다. 양자가 더 좋은 거래를 하려고 협상하는 대신, 각자가 원하는 것을 완전하게 결합할 수 있는 해결방법을 찾는다. 각자가 원하는 것을 우선적으로 얻기 때문에, 어떤 것을 타협하거나 어떤 것을 포기하는 일은 있을 수 없다.

모든 욕망 뒤에는 기본 욕구가 있다. 종종 기본 욕구를 알아내기 위해 욕망을 완전히 파헤치는 것이 유용할 수 있다. 예를 들어, 나는 겉으로는 특정한 것을 원하지만, 마음속으로는 내가 정말로 필요한 것, 즉 욕망이 나에게 의미하는 것은 인정받고 싶은 것임을 깨닫게 된다. 그런 깨달음과 함께, 양자가 공통적인 좋은 세계의 그림을 개발하게 되면, 나는 인정받을 수 있는 점을 충분히 이해하게 되므로, 내 본래 욕망을 가볍게 포기하고 새로운 그림을 받아들일 것이다. 새롭게 개발한 그림 안에 내 본래 욕망이 반드시 존재하는 것은 아니다. 그럼에도 불구하고 나는 그것이 나에게 의미하는 것을 충분히 이해한다. 나는 여전히 내 욕구를 만족하기 때문에, 그 해결방안은 승리/승리의 상황을 나타낸다.

가끔 공통적인 좋은 세계의 그림을 개발하는 일이 불가능할 때가 있다. 당사자들이 아무리 창조적인 노력을 하더라도, 각자가 아무리 타인을 소중히 배려하여 갈등해결을 꾀하더라도, 내가 원하는 것과 타인이 원하는 것 간에 갈등이 있을 것이다. 그렇다고 그런 사실이 갈등관리의 과정에서 출발점이 갖는 가치, 즉 승리/승리의 이상(idea)을 향한 노력을 약화시키지는 않는다. 이런 접근 방식은 영감을 주는 교사가 모든 학생들이 거의 내내 탁월한 성취를 이룰 것이라는 이상을 추구하는 것과 전혀 다르지 않다. 두 가지의 이상(idea)은 어느 것도 완전하게 달성할 수 없으며, 그것이 바로 이상의 본질일지라도, 두 가지의 이상을 열렬하게 추구하여 합리적인 결과를 기대할 정도의 성공이면, 당사자들은 충분한 것으로 받아들인다. 각자가 진정한 승리/승리 상황을 달성할 수 없다면, 항상 타협과 협상의 길로 나갈 수밖에 없다.

이런 점에서 갈등관리의 과정은 선형적이다. 먼저 당사자가 원하는 것을 결합하는 비전의 개발을 창조적으로 추구하라. 최선을 다하는 당사자들의 노력에도 불구하고, 그런 이상(idea)을 성취할 수 없으면, 타협과 협상으로 나가라. 당사자들은 상호 존경하는 마음으로 대하면서, 관계를 강화하기 위해 협력해야 한다. 부실하게 이루어지는 타협과 협상은 지속적인 손실을 초래할 수 있다. 결코 명백하게 승자와 패자를 가르는 과정에 의존하지 마라. 명백히 승리한 사람에게조차 그 대가는 너무나 엄청난 법이다.

갈등의 해결이 선택이 아닐 때

갈등의 해결은 공동 노력의 결과로써, 두 사람 또는 그 이상의 사람들에게서 희생을 요구한다. 아무리 유능한 사람일지라도, 그는 타인의 행동이 아닌, 오직 자신의 행동만 통제할 수 있을 뿐이다. 나는 갈등의 해결을 원하지만, 상대방은 그렇지 않다면, 갈등은 해결되지 않을 것이다. 갈등의 해결이 진정한 선택이 아닐 경우, 영감을 주는 교사는 자기중심을 잡고 침착성을 유지하면서 그에게 가장 중요한 것에 집중하는 행동을 연마하는 것이 유용하리라는 점을 알고 있다.

우선 모든 사람들은 최선을 다한다는 선택이론의 원리를 기억하라. 갈등의 해결을 꺼리는 사람들을 "옹고집", "완고함", "옹졸함" 등 온갖 비난하는 말로 꼬리표를 붙이는 대신, 자신들이 좋아하는 방식대로 행동한다고 생각하는 편이 더 유익하다. 두 가지 생각은 모두 합리적이다. 그러나 사람들은 타인의 통제를 받기보다 자율적 통제를 선택하기 때문에, "어떤 생각을 주장하는 것이 더 유익한가? 어떤 생각이 타인이 되기 바라는 사람으로서 행동하도록 더 쉽게 허용하겠는가?"라고 묻는다. 상대방이 아직 갈등을 성공적으로 해결할 능력이 없는 점을 진정으로 수용하게 되면, 중심을 유지하며, 침착하게 집중할 수 있을 것이다.

모든 사람들은 최선을 다한다. 그러나 가끔 다른 사람의 행동을 말없이 수용하기란 쉽지 않다. 최선의 노력에도 불구하고, 사람들은 화를 내고, 적대적이며 괴로워한다. 그런 상황에는 다음과 같은 과정이 유익할 수 있다. 이는 선택이론, 신경 언어 프로그램(neurolinguistic programing; Andreas 1989, Byron Katie, 1997)의 연구 등 몇 가지 자료에서 나온 것이다.

먼저 타인에 대한 자기감정과 자기가 사용하는 꼬리표(예를 들어, 옹고집, 옹졸한 마음, 심술궂음, 동정적임 등)를 확인하라. 그리고 "이것이 진실인가?"라고 물어라. 자기가 선택한 인식은 정말로 다른 사람의 그것인가? 나아가 자기 인식이 진실인지 확신할 수 있는 방법을 물어라. 종종 이 고통스러운 질문에 몰입하면, 그것이 합리적으로 유효할 때조차, 자기 인식이 사실이라고 단호히 말하기는 실제로 불가능함을 알게 된다.

이 과정에서 가장 중요한 단계는 타인에 대한 자기 인식을 주장하여 자기가 얻게 되는 이익이 무엇인지 자신에게 묻는 일이다. 사람들은 자기 행동을 포함하여, 모든 행동은 유목적적이라는 선택이론의 개념과 이 지점에서 만나게 된다. 사람들은 타인을 부정적으로 지각하여 상당한 이익을 얻게 됨을 알게 된다. 사람들이 그 사실을 인정하지 않으려고 할수록, 그런 인식의 주장이 욕구-만족적임을 알게 된다.

일단 그런 사실을 알게 되면, 사람들은 분노에서 침착함을 수용하는 쪽으로 움직이기 시작한다. 먼저 부정적 감정에서 얻은 것이 무엇이든지, 사람들은 그것이 중요한 점이라는 사실을 인정한다. 다음으로 타인이 되기 원하는 종류의 사람이 되지 못하게 방해하는 부정적인 종류의 생각, 느낌, 행동 등에 따르지 않고, 그와 동일한 이익을 얻을 수 있는 다른 방법을 찾는다. 사람들이 이 지점에 도달하게 되면, 부정성은 사라진다. 더 효과적인 대안을 제안할 수 있을 때까지 그것은 사람들을 지탱시켜 주기 때문에 그것으로 그 목적은 달성된 것이나 다름 없다. 이 과정은 결코 나약함을 의미하지 않기 때문에, 사람들은 주변 사람들의 행동과 상관없이 자기 생활을 효과적으로 통제할 수 있다.

요약

오랜 관계를 지속하다 보면, 어떤 경우에도 갈등은 그 관계의 일부가 된다. 하지만 갈등을 잘 관리하면 성장으로 이어진다. 영감을 주는 교사는 갈등을 두려워하기보다 오히려 소중하게 여긴다. 그는 갈등이 지하로 숨게 되면, 성공적인 관리가 거의 불가능함을 알기 때문에, 그것을 피하거나 제거하려 하지 않는다. 그 대신 갈등은 모든 사람들이 원하는 것을 자연스럽게 공개할 정도로 모든 것이 편안한 상태를 반영한 것으로 생각한다. 심지어 갈등은 영감을 주는 교사의 생활에서 더 좋은 수월성을 성취할 기회를 제공하는 것으로 이해하기 때문에, 그는 갈등관리의 과정을 개방적으로, 정직하게, 열정적으로, 정열적으로, 그리고 정중하게 접근한다. 그들은 승리/승리 결과의 이상(idea)을 추구한다. 끝으로 승리/승리의 결과를 달성하는 일이 불가능하게 되면, 영감을 주는 교사는 주변 사람들이 행동하는 방식과 관계없이 침착하게 중심을 잡고 집중한다. 그들은 모든 사람이 수용할 수 있는 결과를 정중하게 협상한다.

제 9 장
시간 관리

영감을 주는 교사가 되기 위해서는 상당한 노력이 필요하다. 영감을 주는 교사는 매년 같은 내용을 가르치는 것을 좋아하지 않기 때문에, 자신의 학습 지도 계획을 지속적으로 변화시켜 새롭게 만든다. 이런 노력은 시간이 걸리므로, 영감을 주는 교사는 시간-관리 기술을 습득할 필요가 있다. 그렇지 않으면, 그들은 과로와 스트레스가 초래하는 소진의 고통을 감수해야 한다. 불행하게도, 일부 교사들이 생각하는 대응 전략은 요구량이 적은 교수 방법으로 돌아가는 것이다. 퇴행은 그들을 생존하게 할 수 있으나, 영감을 주는 교사가 되거나 영감을 주는 교사로 남도록 허용하지 않는다.

이 책에서 제시하는 다양한 전략을 실천하는 교사들은 자기 업무가 실제로 더욱 쉽게 처리되는 점을 알게 될 것이다. 주된 이유는 더 많은 책임이 학생 쪽으로 적절하게 이양되었기 때문이다. 교사가 시간을 내서 자기 업무와 학생들의 업무를 학생들과 함께 협의하고(제5장 참고), 교실 안의 모든 사람들이 제정 · 확립한 역할 규정을 정기적으로 참조할 경우, 중요한 일에 사용할 시간은 더 증가하고 주변적이거나 하찮은 일에 사용할 시간은 더 감소하는 것을 알게 될 것이다. 일반적으로 교사는 매우 바쁘지만, 반드시 가장 중요한 일을 하기 때문에 바쁜 것은 아니다. 영감을 주는 교사는 일상적으로 "이 학교 체제에서 정해진 내 역할과 사명에 비추어 볼 때, 내가 처리하는 업무는 나에게 가장 적절한가?" 라고 묻는다. 전통적인 교사들이 상당한 시간을 소비하여 업무를 처리하는 경우가 많은데, 그 중 일부는 반드시 노력할 가치가 있는 것으로 보기 어려운 것들이 많다.

영감을 주는 교사는 시간과 에너지를 어디에, 어떻게 사용할지를 결정한다. 그들은 전문가답게 행동하여, 자신의 직업생활을 통제한다. 물론, 그들은 이런 중요한 일을 진공 상태에서 결정하지 않는다. 행동에 앞서, 그들은 자신의 직업적 역할과 책임, 윤리 강령, 지역 교육청의 정책을 충분히 고려한다. 영감을 주는 교사는 이런 중요한 점을 마음에 두고서 비생산적인 시간을 지나치게 많이 사용하는 영역을 찾아낸다. 이는 수업을 신나는 경험으로 만들 수 있는 중요한 일을 더욱 자유롭게 수행하도록 허용하기 때문에 수월성에 영감을 줄 가능성을 더욱 높여준다.

학생 평가

학생 평가는 전통적으로 교사들이 지나치게 많은 시간을 소비하는 영역이다. 영감을 주는 교사는 학생들에게 자기 평가의 중요성을 설명하여 유의미하고 생산적인 방식으로 자신을 평가할 수 있는 능력을 배양한다. 결과적으로, 교사는 불필요한 채점을 많이 피할 수 있으며, 학생들은 교사의 피드백을 받기 전에 자기 학습을 스스로 개선할 책임을 더 많이 갖기 시작한다. 만약 교사가 오직 이 부분에 치중하게 되면, 그들은 평생에 걸쳐 학생들이 유용하게 사용하게 될 중요한 능력을 배양시키는 한편, 시간을 크게 절약하게 될 것이다.

공부하는 학생들에게 자기 평가 방법을 가르치는 일은 시간이 걸리지만, 엄청난 이익을 내는 투자다. 영감을 주는 교사는 유의미한 지침(rubric)을 개발하는 과정에 학생들을 참여시킨다. 그들은 학생들과 함께 효과적인 학습 모형을 분석한다. 영감을 주는 교사는 자기 평가 과정을 계획적으로 구조화 하게 한다. 즉 학생들이 자기 학습의 수월성에 유용한 결정을 내리도록 하고, 나아가 불필요한 교사의 간섭을 받지 않고 자기 공부를 개선하도록 돕는다. 효과적인 자기 평가 방법을 익힌 학생들은 더욱 책임감 있고 자립적인 학습자가 된다. 이런 학생들과 학습하는 교사는 가르치는 일을 더욱 즐겁게 만들 수 있는 시간을 더 많이 확보할 수 있다.

모든 것을 평가하려 하지 마라.

내가 7, 8, 9학년 영어를 가르치면서, 가장 많은 시간을 소비한 것은 성적표 작성이었다. 이 업무는 매우 귀찮게 여겨졌는데, 이는 내 업무의 대부분이 본래의 목적과 달리 처리된다는 생각이 강했기 때문이다. 나는 과제물을 검사·교정하는데 많은 시간을 보냈으나, 내 피드백에 관심을 보인 학생들은 거의 없었다. 내 고된 일은 거의 아무런 소득이 없었다. 그 이후 나는 동료교사에게서 내 경험이 일반적이라는 사실을 알았다.

지난 2년간 지역사회 내의 학구와 내 교실에서는 지역 교육청의 중점 사업으로 학생들에게 작문을 가르쳤다. 매 주일마다 영어교과부서(english department)에서 학생들에게 일정한 양의 글을 쓰도록 요구하는 지침을 개발 했다. 강제적인 과제였기 때문에 곧 불가항력적인 것이 되었다. 종종 가장 창의적이며 효과적인 행동은 대부분 절망적인 시간 속에서 태어난다. 이것도 그런 경우 중 하나였다.

학생들의 작문을 읽고 각각 첨삭 지도를 하는 일이 불가능하다고 판단했으므로, 나는 폴더 방법을 개발했다(포트폴리오는 아직 일반화되지 않았다). 학생들은 자기 작문을 수정하여 편집한 후, 자기 폴더에 각각 작문을 철했다. 나는 학생들에게 여러 가지 관점에서 작문을 평가할 것이라고 말했다. 아마 다음과 같이 말했던 것 같다: “이제 각 폴더에는 6개의 작문이 철해져 있을 것입니다. 이미 우리는 모두 설명문 3개와 논설문 3개를 완성했습니다. 그 가운데서 내가 반드시 평가해주기 바라는 작문 한 편을 골라서 제출하십시오. 나는 그 작품을 철저하게 조사할 것입니다. 그 후, 나는 설명문 1개, 논설문 1개 등 2개 이상의 작문을 무작위로 뽑아서 평가할 것입니다. 폴더에 철해진 작문이면 어떤 것이건, 최상의 작문일 것이고, 나에게 그것을 평가 받을 준비가 철저하게 되어 있어야 합니다. 다음 주에 나에게 작문을 제출할 때까지 5개의 모든 작문이 폴더에 들어 있어야 합니다."

내가 이 방법으로 바꾸자, 몇 가지 사건이 일어났다. 첫째, 학생들은 자기 폴더에 있는 작문이면 어떤 것도 평가될 것으로 알았기 때문에, 자기 숙제를 더욱 신중하게 하기 시작했다. 나는 "이걸 평가할까?, 저걸 평가할까?"라고 수군거리는 소리에 발걸음을 멈춰야 했다. 둘째, 학생들은 자기가 제출한 모든 숙제가 다 완성한 것인지, 내가 확인할 것이라는 사실을 알았기 때문에, 오직 내가 선택한 작문만 읽을 것이라는 점에 개의치 않았다. 그들은 자기가 쓴 작문을 평가해주기를 원했지만, 모든 작문을 평가해주는 것은 요구하지 않았다. 셋째, 학생들은 내가 읽고 평가해주기 바라는 작문을 하나만 선택했기 때문에, 더욱 신중하게 자기 작문을 선별했다. 그들은 자기 작문을 재검토하여 자기가 최선을 다해 쓴 것을 대표 작문으로 정했다. 나는 항상 그들이 쓴 최상의 작문을 평가했기 때문에, 그들은 이 방법이 공정하다고 생각했다. 또한 그들에게 선택권을 주었기 때문에 대부분의 청소년들이 바라는 강한 자유의 욕구 문제를 해결할 수 있었다.

내가 이 폴더 방법을 일상적으로 사용하는 동안, 학생들에게서 불평을 들은 적이 거의 없었다. 내가 학생들의 작문 중 가장 형편없는 것을 읽었기 때문에, 학생들이 "재수 없다"고 생각하면, 나는 기꺼이 다른 작문을 골라 더 읽고 평가해 주었을 것이다. 내가 읽고 수정하는 작업량은 현저하게 떨어졌다. 나는 학생들을 위해서 재미있고, 창조적이며, 유용한 학습계획을 개발할 시간이 더 많이 늘어나서, 교실에서 마지막 2년을 더욱 즐겁게 보낼 수 있었다.

학생 중심의 교실

교사는 학생 중심의 교실을 구축함으로써, 귀중한 시간을 절약할 수 있다. 이런 유형의 교실은 전통적인 교사 중심의 교실보다 학생들의 활동과 참여가 더 왕성한 특성을 나타낸다. 영감을 주는 교사는 가장 소극적인 학습자를 상정하여 작성한 재미없는 강의 계획서와 교사 중심의 "연기(performance)"를 하는데 많은 시간을 사용하지 않는다. 그 대신 모든 학생들이 활동적이며, 자기 학습에 완전한 참여자가 되도록 격려하는 흥미로운 환경을 조성한다.

뇌 연구는 학생들이 수업 중에 제시된 내용을 이해하는데 상당한 시간이 걸리는 점을 시사한다. 영감을 주는 교사는 수업 중 학습내용에 대해 동료들과 상호작용을 할 수 있는 충분한 기회를 제공하여, 자기 학습을 반성하고 새로운 정보를 처리하도록 한다. 이런 환경에서, 영감을 주는 교사는 자유롭게 지원하고 코치하며, 필요할 경우, 개별지도와 보충학습도 실시한다. 그는 가르칠 수 있는 모든 순간에 학생들이 이용할 수 있는 사람이며, 이는 영감을 주는 교실에서 항상 일어나는 일이다.

촉진자로서 교사

영감을 주는 교사가 자기 시간을 잘 관리하는 또 다른 방법은 전문가(expert)의 역할을 축소하고, 촉진자(facilitator)의 역할을 강조하는 데 있다. 영감을 주는 교사는 모든 것을 알 필요가 없다. 오늘날 새로운 정보는 매우 빠르게 전파되므로, 전문가조차 현재 상태에 머물러 있기 어려운 실정이다. 영감을 주는 교사의 주요한 역할은 학생들에게 흥미를 불어넣어, 그들을 발견의 길로 안내하는 것이다. 교사가 학생들에게 정보를 이용할 수 있는 방향을 제시하면, 교사는 자기 업무를 가장 훌륭하게 수행한 것으로 볼 수 있다. 그들은 모든 정보의 원천이 될 필요는 없다.

내가 학생들의 질문에 대답할 수 없을 경우, 수년 전이라면 "지금 답을 알지 못하지만, 가능하면 빨리 답을 가르쳐 주마"라고 말해야한다는 조언을 들었을 것이다. 그런 식의 대답은 교사를 정보 제공자의 위치에 고정시킨다. 또한 그것은 모든 것을 다 잘 아는 것이 교사의 업무라는 생각까지 들게 만든다. 나는 교사들이 이런 식으로 대답할 것을 권한다: "그것 참 재미있는 질문이구나. 그 답을 얻는데 필요한 정보원을 알고 있니? 그렇지 않다면, 그 정보를 얻을 수 있는 곳을 알려주지. 정보를 얻으면, 네가 공부한 것을 재미있게 들어 줄 거야. 더구나 좋은 아이디어라면, 동료들에게 발표하는 기회도 알아보마."

이런 접근 방법은 몇 가지 부산물을 파생시킨다. 첫째, 많은 학생들이 수업 시간에 가지고 오는 호기심을 수용한다. 둘째, 학생들이 전문가가 되어 교실에서 책임감을 수반하는 권능감을 얻는다. 셋째, 교사를 자유롭게 하여 교육연구에 더 많은 시간을 사용할 수 있게 한다. 끝으로, 교사는 학습자 중심의 학습 공동체를 구축하고 있으며, 그것은 집단 학습에 기여하는 학생들의 능력 개발에 유용한 점을 증명한다.

교실 밖의 생활

영감을 주는 교사는 계획적으로 일하는데, 이는 만족스럽고 균형 잡힌 생활을 하기 위한 것이다. 만약 그들이 불행해진다면, 가장 헌신적인 교사조차 영감을 주기는 불가능할 것이다. 나는 수년간에 걸쳐 교사의 개인적 자유와 즐거움의 욕구를 소홀히 하면서 놀랍도록 헌신하는 수많은 교사들을 보아왔다. 교수와 학습에 대한 교사들의 열정이 어느 정도 그들을 지탱시켜 주겠지만, 결국 소진 상태에 빠지게 될 것이다. 생활의 균형이 무너져 고생하게 됨으로써, 그들은 궁극적으로 불만족스런 인생을 살아갈 것이다. 오직 교사의 역할에 헌신하기 때문에, 정작 그들은 학교 밖에서 긴장을 풀고, 즐기고, 교제를 할 시간이 필요함을 잊고 지낸다. 그들이 더 좋은 시간-관리 기술을 개발했더라면, 그들은 더 행복하고 더 훌륭한 교사가 되었을 것이다. 학생들에게 영감을 주는 교사가 되기 바란다면, 교사의 개인적 욕구를 적절하게 해소하고 시간을 잘 관리해서 자신의 열정, 수업에 대한 사랑, 그리고 교실 안에 행복을 가득 채울 수 있는 길을 찾아야 할 것이다.

학생의 권한을 강화해 활용하라

교사들이 교육의 전문성, 전문가의 지위와 무관하게 보이는 업무를 수행하고 있는 학교가 많다. 교사들은 종종 복도 통행 조사, 실험실 출입자 점검, 점심시간의 식사 감독 등과 같은 허드렛일을 능력의 낭비로 열거한다. 역설적으로, 어떤 교사들은 자기 교실에서조차 그와 같은 비전문가의 허드렛일을 일상적으로 수행한다.

영감을 주는 교사는 자신을 전문가로 규정한다. 어떤 일을 스스로 실행하기에 앞서, 그들은 "이것은 반드시 내가 해야 할 일인가, 또는 학생들에게 적절하게 맡길 수 있는 일인가?" 라고 묻는다. 만일 있다면, 어떤 일을 학생들에게 맡길지, 그리고 어떤 일을 그들의 업무영역 안에 남겨 두는 것이 적절할지 알기 위해서 묻는다: "내가 학생들을 충분히 훈련시키면, 내가 하는 만큼 잘 할 수 있겠는가? 이 일을 함으로써, 학생들은 학문적으로나 사회적으로 또는 두 측면 모두에 걸쳐 성장하는데 도움이 되겠는가? 내가 이 일을 학생들에게 맡기면, 더욱 효과적이고 전문가다운 교사가 될 수 있는 시간을 더 많이 낼 수 있겠는가?" 교사는 이런 질문을 통해서 학생들에게 일상적인 사무처리 방법을 훈련시키는 일이 가능함을 알게 된다. 영감을 주는 교사가 기분 좋게 이양한 잡무처리에 학생들의 에너지를 사용하면, 그들은 항상 교실 안에서 합리적인 권력과 책임감을 발달시켜 나갈 것이다.

효과적인 보조교사의 활용

많은 학교에서 보조교사(paraprofessionals), 또는 교실 도우미(classroom aides)와 다른 조력자들을 제대로 활용하지 못하고 있다. 이는 놀라움을 넘어 낭비적인 일임에 틀림없다. 영감을 주는 교사는 더 많은 시간을 얻기 위한 방법으로 보조교사를 효과적으로 사용하는 방법을 찾는다.

교사와 마찬가지로, 보조교사도 능력은 물론 중요한 사람으로 인정받고 싶은 욕구가 있다. 이런 권능의 욕구를 만족하는 데는 유의미한 일이 효과적이다. 보조교사들은 다양하고 소중한 능력을 소유하고 있으나, 그들에게 위임된 업무는 별로 중요하지 않은 경우가 허다하다. 일반적으로 보조교사는 교육의 과정에 실질적으로 기여할 기회를 반갑게 여길 것이다. 물론 준비하지 않았거나 훈련을 받지 않은 일을 보조교사가 하도록 요구해서는 안 될 것이다. 그러나 보조교사는 보통 자신이 하는 일보다 더 많은 일을 할 수 있다.

보조교사는 개인교수나 개별학생에게 보충학습을 지도할 수 있다. 효과적인 학습에 도움을 주는 특별한 교사의 전문성을 필요로 하는 학생들이 있지만, 보조교사가 정규 수업시간에 개별 지도를 하게 되면 더욱 성장하는 학생들도 많다. 또한 보조교사는 과제물을 조사하는 일 등을 처리하여, 교사의 잡무 부담을 덜어줄 수 있다. 이런 저런 시간을 소비하는 사무적인 잡무처리는 교사보다 다른 누군가가 더 쉽게 관리할 수 있다. 교사와 보조교사는 컴퓨터를 이용하여 사무적인 일을 처리하기 때문에, 큰 도움을 받을 수 있다. 학생과 학부모에게 학업성적, 현재의 발전 상태에 관한 정보를 제공하기 시작하면서부터 많은 교사들은 컴퓨터가 시간을 절약하도록 돕는 사실에 감사하게 되었다.

지원적이고 효과적인 업무 관계를 개발하기 위해서, 영감을 주는 교사는 보조교사와 함께 부지런히 일한다. 한 명 이상의 교사와 일해 본 경험이 있는 대부분의 보조교사들은 다른 교사보다 특정 교사를 위해서 더 부지런히, 더 열성적으로 일한다고 말한다. 그들에게 그 이유를 물어 보라, 그러면, 그들은 “소중한”, “존중하는”, “유용한” 등과 같은 말을 사용할 것이다. 그들은 전문가로서 정중하게 여겨지는 점에 감사한다. 이런 상황이라면, 대부분의 보조교사들은 교사들을 적극적으로 지원하여 교실을 더욱 생산적인 학습 환경으로 가꾸는데 기여할 것이다.

요약

영감을 주는 교사가 되기 위해서는 에너지와 시간이 필요하다. 하지만 영감을 주는 교사는 다양한 전략을 사용하여 시간을 더욱 효과적으로 관리함으로써, 여행길을 더욱 편안하게 만든다. 학생들이 자기 학습의 평가 방법을 습득하게 되면, 더욱 자립적이고 책임감 있는 학습자가 될 것이다. 또한 영감을 주는 교사는 학생들의 학업 평가에 현명하게 대처하여 자기 시간을 더욱 효과적으로 관리할 수 있다. 교사가 촉진자로 일하고, 학생들이 학습에 활발하게 참여하는 학생중심의 교실을 구조화함으로써, 그들은 특별한 관심을 요구하는 학생들에게 더 많은 혜택을 줄 수 있다. 끝으로, 영감을 주는 교사는 보조교사와 학생들에게 교실 일을 적절하게 맡길 수 있다. 영감을 주는 교사가 자기 일을 잘 관리하는 방법을 찾는다면, 그들은 힘든 일을 보다 자유롭게 할 수 있기 때문에, 가르치는 일을 즐거운 경험으로 만들 것이다.

제 10 장
결 론

나는 교직은 가장 고귀한 직업이라는 말로 이 책을 시작했다. 이 말은 수정되어야 할 것 같다. 아마 교직은 가장 고귀한 직업이 될 가능성이 크다고 말하는 것이 더욱 정확할 것이다. 교사들이 그 고귀함을 성취할지는 영감을 주려는 그들의 자발성에 달려 있다.

모든 학생들은 영감을 받을 자격이 있다. 모든 학생들은 교육과정을 유의미하고, 즐겁고, 활기차게 만들어, 거기에 생명을 불어넣는 열정적 · 보호적 · 지성적인 전문가와 함께 학습할 기회를 누릴 자격이 있다. 영감을 주는 교실에는 세상의 어느 곳에서도 생성할 수 없는 역동적인 특성(dynamic quality)이 꿈틀거리고 있다. 이런 교실은 아동들을 비판적 사고자와 평생 학습자로 발전하도록 촉진하여, 세상에서 중요한 공헌을 하도록 만드는 곳이다. 이곳은 천재가 탄생하는 곳이다.

영감을 주는 교실에서 번창하는 유일한 사람은 학생만이 아니다. 적어도 교사는 자기가 주는 만큼 얻는다. 영감을 주는 교사는 가르치는 일을 단순한 직업에서 고귀한 직업으로 승화시킨다. 영감을 주는 교사는 세계를 변화시킨다. 영감을 주는 교사는 미래와 교통한다.

모든 교사는 영감을 줄 능력을 지니고 있다. 이미 고귀함을 향한 길을 떠났다면, 나는 성공에 성공을 거듭하기를 기원할 것이다. 이제 막 교직의 첫 걸음을 내딛었다면, 학생들의 생활에 긍정적인 변화를 일으키는 희열을 경험하게 될 것이다. 이런 희열은 때로는 어렵고 힘든 여행길을 상쾌한 경험으로 바꿔 줄 것이다. 다른 직업에 종사하지 마라. 교사에게는 완벽하게 해낼 능력이 있다.

Bibliography

Biehler, R. 1981. Child Development: An Introduction. 2d ed. Boston: Houghton Mifflin.

Boffey, B.1993. Reinventing Yourself: A Control Theory Approach to Becoming the Person You Want to Be. Chapel Hill, N.C.: New View Publications.

Buck, n. 1997. "Peaceful parenting." Ph.D. diss., The Union Institute, Cincinnati.

Burns, R. C. 1993. Parents and Schools: From Visitors to Partners. Washington, D.C.: The National Education Association.

Covey, S. 1989. The Seven Habits of Highly Effective People. New York: Simon and Schuster.

Crawford, D., R. Bodine, and R. Hoglund. 1993. The School for Quality Learning: Managing the School and Classroom the Deming Way. Champaign, Ill.: Research Press

Csikszentmihalyi, M. 1990. Flow: The Psychology of Optimal Experience. New York: HarperCollins.

Elkind, D. 1970. Children and Adolescents: Interpretive Essays on Jean Piaget. New York: Oxford University

Press.

1981. The Hurried Child: Growing Up Too Fast, Too Soon. Reading, Mass.: Addison-Wesley.

1984. All Grown Up and No Place to Go: Teenagers in crisis. Reading, Mass.: Addison-Wesley.Gardner, H.

1987 Miseducation: Preschoolers at Risk. New York: Alfred A. Knopf.

Garnder, H. 1993. Frames of Mind: The Theory of Multiple Intelligences. New York: BasicBooks.

Gilligan, Carol. 1993. In a Different Voice: Psychological Theory and Women's Development. Cambridge, Mass.: Harvard University Press.

Glasser, W. 1990. The Quality School: Managing Students without Coercion. New York: HarperCollins.

1993. The Quality School Teacher. New York: HarperCollins.

1998. Choice Theory: A New Psychology of Personal Freedom. New York: HarperCollins.

Gossen, D., and J. Anderson. 1995. Creating the Conditions: Leadership for Quality Schools. Chapel Hill, N.C: New View Publications.

Greene, B. 1994. New Paradigms for Creating Quality Schools. Chapel Hill, N.C.: New View Publications.

Halpern, S. 1985. Sound Health: The Music and Sounds That Make Us Whole. San Francisco: Harper and Row.

Howard, P. 1994. The Owner's Manual for the Brain: Everyday Applications from Mind-Brain Research. Austin, Tex.: Leornian Press.

How Difficult Can This Be? 1989. Produced and directed by Peter Rosen. 70 min. Peter Rosen Productions and PBS Video. Videocassette.

Jensen, E. 1995. Brain-Based Learning and Teaching. Del Mar, Calif.: Turning Point Publishing.

1996. Completing the Puzzle: The Brain-Based Approach. Del Mar, calif.:Turning Point Publishing.

1998. Teaching with the Brain in Mind. Alexandria, Va.: Association for Supervision and Curriculum Development.

Johnson, D. W., R. T. Johnson, and E. J. Holubec. 1993. Circles of Learning: Cooperation in the Classroom. 4th ed. Edina, Minn.: Interaction Book Co.

Katie, B. 1997. "The Work: The Technology of Freedom." The Center for the Work, Barstow, Calif. Booklet.

Kegan, R. 1982. The Evolving Self: Problem and Process in Human Development. Cambridge: Harvard University Press.

Kohn, A. 1993. Published by Rewards: The Trouble with Gold Stars, In-centive Plans, A's, Praise, and Other Bribes. Boston: Houghtin Mifflin.

Ledoux, J. 1996. The Emotional Brain: The Mysterious Underpinnings of Emotional Life. New York: Simon and Schuster.

Lickona, T. 1983. Raising Good Children: From Birth through the Teenage Years. New York: Bantam Books.

Ludwig, S., and K. Mentley. 1997. Quality is the Key: Stories from Huntington Woods. Wyoming, Mich.: KWM Educational Services.

Multiple Intelligences. NEA Teacher-to-Teacher Books. 1996. Washington, D.C.: National Education Association.

Nunn, R. and J. Gallaher. 1998. Inspiring Tranquility: Stress Management and Learning Styles in the Inclusive Classroom. Washington, D.C.: National Education Association.

Peck, M. S. 1988. The Different Drum: Community-Making and Peace. New York: Touchstone.

Rogers, S., J. Ludington, and S. Graham. 1997. Motivation and Learning: A Teacher's Guide to Building Excitement for Learning and Igniting the Drive for Quality. Evergreen, Colo.: Peak Learning Systems.

Rozanski, A. 1988. "Mental Stress and the Induction of Silent

Ischemia in Patients with Coronary Artery Disease." New England Journal of Medicine 318 (16): 1005-12.

Russell, P. 1979. The Brain Book. New York: Penguin Books.

Schater, D. 1996. Searching for Memory: The Brain, the Mind, and the Past. New York: BasicBooks.

Shea, J., M. Madden, and A. B. Shea. 1997. "Creating Your Own Homework." Plymonth, Mass, Photocopy.

Sullo, R. 1993. Teach Them to Be Happy. Chapel Hill, N.C.: New View Publications. 1997. Inspiring Quality in Your School: From Theory to Practice. washington, D.C.: NEA Professional Library.

Sylwester, R. 1995. A Celebration of Neurons: An Educator's Guide to the Human Brain. Alexandria, Va.: Association for Supervision and Curriculum Development.

Time Strategies: Block Scheduling and Beyond. NEA Teacher-to-Teacher Books. 1994. Washington, D.C.: The National Education Association.

Wubbolding, R. 1988. Using Reality Therapy. New York: HarperCollins.

역 | 자 | 소 | 개

황기우

고려대학교 대학원 문학석사
고려대학교 대학원 교육학 박사
고려대학교 교육문제연구소 연구교수
현, 총신대학교 교양교직과 교수
현, 한국교육사회학회 상임이사

역서
21세기 교사의 역할(도서출판 원미사, 2002)
교사의 권력(도서출판 원미사, 1999)

역자와의 협의하에 인지 생략

21세기 교사의 조건
영감을 주는 교사

2007년 2월 15일 인쇄
2007년 2월 23일 발행

역 자 **황 기 우**
발행자 **박 준 식**

발행처 도서출판 **원미사**
서울 성북구 장위 2동 65-192호 (우남빌딩 202호)
전화 : 02) 919-9630, 942-1276
등록 : 1994년 1월 18일(제6-192호)
E-mail : wonmisa@unitel.co.kr

※ 잘못된 책은 교환해 드립니다. **정가 10,000원**

ISBN / 89-5544-097-9